세상에서 가장 아름다운 용서

양무리서원은 복음의 본질을 새롭게 규명함으로써 오늘을 사는 그리스도인들에게 하나님 나라의 가치관이 정립된 건전하고 참신한 믿음 생활의 원리를 제시하고 있습니다.

세상에서 가장 아름다운 용서

초판 1쇄 인쇄 · 2003년 10월 15일
초판 1쇄 발행 · 2003년 10월 25일

지은이 · 임세일
펴낸곳 · 양무리서원
편　집 · écrits
출판등록 · 제2-1182호(1991년 6월 1일)
주소 · 139-201 서울시 노원구 상계1동 1054-25 풍전빌딩 B동 3층
전화 · 02-939-0623
E-mail · yangmoory@empal.com
보급처 · 비전북　T. 031-907-3927　F. 080-403-1004

ISBN 89-85312-57-X　03230
값 5,000원

□ 잘못된 책은 바꾸어 드립니다.

세상에서 가장 아름다운 용서

임세일 지음

양무리서원

머리말

세상에는 하나를 알고 하나를 말하는 사람이 있는 반면, 열을 알고 하나를 말하는 사람이 있습니다. 그들이 모두 똑같이 하나를 말한다 하더라도 그 말의 깊이는 다를 것입니다.

『세상에서 가장 아름다운 용서』라는 이 책의 제목은 다소 과장되어 보일 수 있습니다. 그리고 지금까지 많은 사람들이 보여 주었던 용서의 모습들을 과소 평가하는 느낌을 줄지 모릅니다. 하지만 빌레몬서가 보여 주는 용서는 단순히 상대방을 용납하는 넓은 아량을 의미하는 것으로 끝나지 않습니다. 하나님 나라 안에서 교회를 생각하고 교회 안에서 성도의 관계를 생각하는 사도 바울이, 사람들간의 관계에서 일어나는 용서의 문제를 영적인 큰 그림 안에서 어떻게 풀어 가는지 보게 되는 것입니다.

아무쪼록 이 책을 읽는 분들은 하나에서 하나를 보는 것이 아니라 열에서 하나를 보게 되길 바랍니다.

긴 장마의 여름을 보낸 가을날,
한무리 교회에서 임세일

차례

머리말 • 5

1장 사랑과 용서를 말하는 작은 씨앗 • 9

바울이 추구하는 세 꼭지점: 하나님 나라, 교회, 성도 | 성도: 삶의 기준을 하나님 나라에 맞춘 사람 | 빌레몬서: 사랑과 용서를 말하는 짧은 편지 | 빌레몬서는 빌레몬만을 위한 편지가 아니다 | 목표와 수단을 분별하는 삶 | 예수를 위해 갇히다 주종 관계를 넘어 형제 관계로 | 교회 안에는 계급이 없다 | '동역자들'이 움직이는 교회 | 하나님의 프리즘에서 퍼지는 사랑과 은혜와 평강 | 행동하는 믿음이 능력 있고 아름답다

2장 믿음으로 화합하는 교제의 나무 • 37

교회의 정원에서 교제의 나무를 키우라 | 교회 안에서의 새로운 관계 | 신앙 생활은 함께하는 것 | 교제: 나로부터 너에게로, 그리고 우리가 함께 | 사랑은 선택 과목이 아닌 필수 과목 | 믿음: 성도의 출발점 | 사랑과 믿음의 처음과 끝은 주 예수와 성도 | 믿음의 교제가 주는 네 가지 유익 | 믿음의 교제 속에는 평안과 기쁨과 위로가 뛰어논다 | 분명한 목표를 향해 달려가는 그리스도인들의 교제 | 펄떡이는 아름다운 공동체 | 믿음의 교제를 위해 이렇게 움직여라

3장 사랑으로 거두는 용서의 열매 • 61

이 시대의 '빌레몬'에게 보내는 체계적인 메시지 | 개인적인 관계에서 교회 공동체의 교제로 | 영적인 기초 위에서 생각하라 | 복음의 눈으로 바라보며 담대하라 | 사랑의 피가 도는 살아 있는 정의 | 성도의 교제에는 언제나 사랑이 리더 | 진정한 용서는 진정한 사랑에서 출발한다 | 거름이 되어 거둔 사랑의 열매 | 진정한 사랑은 아픔을 감수한다 | 정의와 사랑의 완벽한 조화, 예수 그리스도의 십자가

4장 **희생으로 다시 태어난 소중한 숯 • 87**

바울: 균형 잡힌 그리스도인의 모델 | 복음으로 인한 새로운 변화 | 정확한 때를 구별하는 지혜 | 인간 관계를 변화시키는 복음 | 오네시모가 바울에게 주는 유익 | 원칙과 정도를 지키는 삶 | 자발적인 헌신과 사랑을 위하여

5장 **누구나 앉을 수 있는 복음의 밑둥치 • 109**

'영원'의 관점에서 바라보라 | 자신이 죄인임을 인정할 때 진정 용서할 수 있다 | 신분이나 조건을 초월하는 복음 | 사회와 문화를 인정하고 그 속에서 움직이는 복음 | 희생은 사랑을 위한 지렛대 | 손해와 희생을 감수할 때 사랑의 위력이 드러난다 | 용서의 기준: 영원한 하나님 나라

6장 **용서를 먹고 부활하는 사랑의 새싹 • 129**

'오, 형제여': 성도들의 관계를 말하는 용어 | 교회는 주 안에서 기쁨과 평안을 나누는 공동체 | 바울은 왜 숙소를 마련하라고 했을까? | 에바브라: 선교적 마인드를 가진 목회자 | 마가: 잠시 한눈을 팔았지만 나중엔 유익했던 사역자 | 아리스다고: 바울 곁을 항상 지켰던 동역자 | 데마: 복음을 저버린 불행한 사람 | 누가: 다재다능했던 이방인 의사 | 그리스도인들에겐 주님의 은혜가 항상 함께한다

1장

사랑과 용서를 말하는 작은 씨앗

그리스도 예수를 위하여 갇힌 자 된 바울과 및 형제 디모데는 우리의 사랑을 받는 자요 동역자인 빌레몬과 자매 압비아와 우리와 함께 병사 된 아킵보와 네 집에 있는 교회에게 편지하노니 하나님 우리 아버지와 주 예수 그리스도로부터 은혜와 평강이 너희에게 있을지어다(몬 1~3).

※이 책에 사용된 성경은 개역개정판입니다.

바울이 추구하는 세 꼭지점: 하나님 나라, 교회, 성도

신약성경은 모두 스물일곱 권으로 이루어져 있습니다. 그 중에서 사도 바울은 저자가 분명하지 않은 히브리서를 제외하면 열세 권, 히브리서까지 포함하면 모두 열네 권의 책을 썼습니다. 스물일곱 권 중에서 열세 권이나 열네 권을 썼다면 거의 반을 쓴 것이나 다름없습니다. 그러나 분량으로 따지면 사복음서와 사도행전의 분량이 많기 때문에 신약성경의 삼분의 일을 썼다고 볼 수 있습니다.

이렇게 사도 바울이 크게 돋보이는 이유는 특별히 그가 신약에서 많은 책을 썼기 때문이기도 하지만 그가 드러내는 사상이 너무나 강하고 우리에게 많은 것을 제시하기 때문이기도 합니다. 그래서 우리는 복음에 대한 중요한 원리들을 바울 서신의 구절들을 통해 강조하곤 합니다.

사도 바울의 사상과 원리들을 체계적으로 정리해 보면 세 가지로 요약할 수 있습니다. 첫째는 하나님 나라에 대한 강조입니다. 둘째는 그 하나님 나라 안에서 교회를 바라보는 것이고, 셋째는 더 나아가 성도를 발견하는 것입니다. 다시 말해서 하나님의 나라, 교회, 성도가 바로 사도 바울의 논리를 구성하고 지배하는 세 가지 틀입니다.

그가 자주 쓰는 말들을 분석해 보면 '하나님의 복음 안에서',

'그리스도', '교회', '성도의 이름' 등이 차례대로 언급되는 경우가 많습니다. 이것은 하나님 안에 교회가 있고, 교회 안에 성도가 있다는 말입니다. 이런 사고의 틀 속에서 그는 하나님이 없는 교회는 교회가 아니며, 교회가 없는 성도 또한 존재하지 않는다는 원리를 마음 깊이 새기고 있었습니다.

사도 바울은 무슨 일을 하든지 그 중심에 하나님의 나라를 간직하고 있었습니다. 하나님 나라의 원리가 바울 사고의 중심이고, 삶의 축이며, 행동과 결단의 기준이었습니다. 그는 어떤 상황에서도 이런 생각에 기초해서 하나님 나라의 중심에는 교회가 있고, 교회의 중심에는 성도가 있다고 생각했습니다. 하나님 나라가 중심이 되는 바울의 사상을 이해하지 못하면 성경을 매우 단편적으로 이해할 수밖에 없습니다. 그러므로 이 사고의 틀은 바울뿐만 아니라 우리 모든 그리스도인의 생각을 지배하고 이끄는 기준이 되어야 합니다.

성도: 삶의 기준을 하나님 나라에 맞춘 사람

'자기' 중심으로만 생각하는 사람들을 한번 생각해 보십시오. 그들은 모든 것이 자신이 원하는 대로 이루어져야 한다고 생각하기 때문에 상당히 이기적입니다. 그러므로 자기 마음에 맞지 않거나 욕망을 충족시키지 못하면 그 탓을 자신에게 돌리지 않고 외부의 환경이나 다른 사람에게 돌리며 화를 냅니다. 이런 사람들은 모든 행동과 판단의 기준이 자신을 중심으로 이루어지기 때문에 그 영역이 지극히 좁고 단순합니다.

그런데 이들보다 한 단계 진보된 사고를 하는 사람들이 있습니다. 바로 '가정'을 중심으로 살아가는 사람들입니다. 다시 말해 이들은 가정 제국주의자들입니다. 모든 세상을 가정을 중심으로 바라보기 때문에 자신의 자녀가 잘되어야 하고 가족의 화목을 최고 덕목으로 생각합니다. 이들은 가족을 위해서 자신을 희생할 수 있다는 삶의 태도와 가치를 지니고 있는 사람들입니다. 그러나 이들의 생각은 가정에 한정될 뿐이지 그보다 넓게는 생각하지 못하기에 결국 자신의 사고를 가정이라는 좁은 틀 속에 가두어 버립니다.

가정 제국주의자들보다 한 단계 더 진보된 사고를 하는 사람들은 '국가'나 '민족'을 생각하는 이들입니다. 이 사람들은 자기 조국과 동포를 위해서 가정도 버릴 수 있고 때에 따라서는 자신의 삶까지 헌신합니다. 왜냐하면 항상 자기 나라를 중심으로 생각하고 행동하기 때문입니다. 그래서 단순히 개인이나 가정이 잘되는 것만 생각하지 않고, 국가가 잘되기 위해서 사회 구조가 어떠해야 하며, 법이나 교육 제도가 어떠해야 하는지 아주 깊이 있게 고민하며 생각합니다. 이들의 모든 생각이나 삶의 흐름은 앞에서 언급한 다른 두 가지 유형의 사람들보다는 그 규모가 상당히 크고 좀더 폭이 넓다고 할 수 있습니다. 그러나 이들도 자칫하면 자민족 중심주의나 국수주의에 갇혀 버릴 수 있습니다.

이들보다 좀더 넓은 세계관을 지닌 사람들이 있다면 바로 '세계'를 가치 판단의 중심에 두고 생각하는 사람입니다. 하나의 민족에 국한되지 않고, 함께 살아가는 모든 사람들을 생각하면서 넓은 세계관을 가지고 사는 이들이 바로 세계 중심의 사람들입니다. 이들은 어떤 한 국가의 이익보다는 세계 모든 사람들이 좀더 인간답게 살아가는 것을 목표로 하기 때문에 앞에서 언급한 세 가지 유형의 사람들보다 폭넓게 살아간다고 볼 수 있습니다. 이런 사람들은 사고의 폭이 넓고 이기적인 욕심에 매이지 않으며 전체를 조망하는 바른 눈을 가지고 있습니다. 그러므로 이들은 국가 단위의 거대한 집단을 올바른 방향으로 이끌 만한 지도자로서도 손색이 없습니다. 사실 이 정도의 세계관과 시각을 지닌 사람들은 그다지 많지 않습니다.

그런데 이들보다 더 폭넓은 사고를 지닌 사람들이 있습니다. 바로 하나님 나라를 삶의 기준으로 삼고 살아가는 사람들입니다. 개인, 가정, 국가, 세계보다 더 큰 나라는 바로 하나님 나라입니다. 이 유형의 사람들은 하나님 나라를 기준으로 삼고 살아가기 때문에 사고의 틀이나 시각이 상황의 변화에 흔들리지 않고 항상 일정합니다. 이들은 세상이 추구하는 삶의 기준과 가치를 뛰어넘어 영적인 하나님의 나라가 제시하는 위대한 세계를 가슴에 품고 살아갑니다. 그러므로 하나님 나라의 가치 기준에 근거하여 매 순간 자신과 가정과 사회를 포기하고, 하나님이 말씀하시는 그 세계를 생각하며 이들은 한 걸음씩 나아갑니다.

이런 사람들을 우리는 성도라고 부릅니다. 이들의 삶의 기준은 하나님 나라입니다. 사도 바울이 생각하는 삶의 기준도 바로 이 하나님 나라입니다. 그래서 그는 항상 하나님 나라의 기준에 따라 교회를 생각하고 성도를 생각했습니다. 이 사실을 염두에 두고 빌레몬서를 살펴봅시다.

빌레몬서: 사랑과 용서를 말하는 짧은 편지

바울 서신 중에서 사도 바울의 개인적이고 직접적인 부탁의 내용을 담고 있는 서신이라면 단연 빌레몬서를 꼽을 수 있습니다. 이 책은 바울이 쓴 여러 서신들 중에서도 메시지의 단순함과 명료함으로 인해 주제를 가장 쉽게 파악할 수 있는 책으로 알려져 왔습니다. 그러면 빌레몬서는 어떤 특징을 가지고 있는지 살펴봅시다.

첫째, 빌레몬서는 언뜻 봐도 내용이 굉장히 짧습니다. 이 책은 요한 2서와 요한 3서보다는 길지만 25절로 끝나는 유다서에 견줄 만큼 짧습니다. 구약의 오바댜서도 1장만으로 되어 있는데, 절 수로 따지면 빌레몬서보다 적지만 분량으로 따지면 빌레몬서가 더 짧습니다. 그러므로 성경 전체에서 빌레몬서는 요한 3서와 요한 2서에 이어 세 번째로 짧다고 할 수 있습니다.

둘째, 빌레몬서의 메시지는 간단합니다. 감옥에 있던 사도 바울이 빌레몬에게 편지를 보내 도망친 종 오네시모를 용서하라는 내용을 담고 있을 뿐입니다. 다시 말해 빌레몬서 하면 '사랑과 용서'라는 핵심적인 주제밖에 떠오르지 않습니다.

예를 들어 에베소서, 로마서, 갈라디아서 등과 같은 책들은 교리적인 내용을 많이 담고 있어서 단어 하나하나에 심혈을 기울여 해석해야만 본문의 의미를 정확히 파악할 수 있습니다. 하지만 이에 비해 빌레몬서의 내용은 단순합니다. 왜 그렇습니까? 그것은 바울이 빌레몬서를 쓰는 목적이 분명했기 때문입니다. 그의 의도는 오네시모를 용서하라는 것에 집중되어 있습니다. 이런 점에서 빌레몬서는 아주 단순하고 평이한 책입니다.

에베소서는 교회로 보낸 서신이고 나중에 여러 교회들이 이것을 돌려봅니다. 빌레몬서의 경우에도 나중에 여러 교회들이 돌려보기는 하지만 빌레몬에게 오네시모를 용서하라는 개인적인 내용을 다루고 있습니다. 그러므로 빌레몬서는 사랑과 용서를 다루는 짧은 사적인 편지라고 볼 수 있습니다.

빌레몬서는 빌레몬만을 위한 편지가 아니다

분명 빌레몬서는 다른 서신서들에 비하여 분량이 상대적으로 짧고 내용이 단순합니다. 그렇지만 이 책에 대해 성급한 편견이나 선입견을 가져서는 안 됩니다. 우리는 겉으로 드러나는 모습을 보고 판단하기 전에 먼저 빌레몬서가 어떻게 구성되어 있는지, 논리적인 흐름이 어떻게 짜여져 있는지 살펴봐야 합니다.

먼저 바울이 이 글에서 제시한 논리 구조는 하나님 나라, 교회, 개인의 순서입니다. 이렇게 볼 때 우리는 빌레몬서가 하나님의 나라와 교회가 배제된 채 단순히 개인적인 내용만을 다루고 있는 책이 아님을 알 수 있습니다. 또한 사도 바울은 항상 하나님의 나라와 교회에 기초하여 글을 씁니다. 그러므로 우리는 그의 글에서 하나님 나라가 없는 교회, 교회가 없는 성도들의 관계를 생각할 수 없습니다.

모든 성경은 하나님의 영감으로 씌어졌습니다. 빌레몬서가 아무리 사적인 내용이 부각되는 편지라 하더라도 우리는 그 속에 반드시 하나님께서 의도하시는 바가 있다는 사실을 기억해야 합니다. 이런 점을 고려하지 않고 빌레몬서를 그저 단순한 개인적인 편지라고 치부해 버린다면 빌레몬서에 녹아 있는 중요한 주제들을 놓쳐 버리고 말 것입니다. 그러므로 우리는 빌레몬서를 볼 때 바울이 다분히 개인적인 성격의 편지를 통해 성도들에게 무엇을 말하고자 했는지 자세히 알아봐야 합니다. 또한 하나님 나라, 교회, 성도의 관계가 사도 바울의 사고를 이루는 기본적인 틀이라고 한다면, 이런 것들이 빌레몬서에서 어떻게 드러나고 있는지 살펴봐야 합니다.

먼저 1절을 보십시오.

"그리스도 예수를 위하여 갇힌 자 된 바울과 및 형제 디모데는 우리의 사랑을 받는 자요 동역자인 빌레몬과."

이 편지를 보낸 사람은 바울입니다. 그런데 1절에는 '바울과 및 형제 디모데'라고 하여 디모데가 추가되어 있습니다.

그리고 편지를 받는 사람에 대한 언급도 특이합니다. 이 서신의 제목대로 바울의 편지를 받는 대표자는 빌레몬입니다. 그런데 실제로는 빌레몬뿐만 아니라 여러 사람을 동시에 언급하고 있습니다.

"우리의 사랑을 받는 자요 동역자인 빌레몬과 자매 압비아와 우리와 함께 병사 된 아킵보와 네 집에 있는 교회에 편지하노니"(1~2절).

이 기록을 통해서 우리는 이 편지를 받을 대상은 빌레몬을 비롯하여 압비아, 아킵보, 그밖에 교회에 속한 여러 사람들이라는 사실을 알 수 있습니다.

특이하게도 보낸 사람도 두 사람이고, 받는 사람도 여러 사람입니다. 그런데 빌레몬서를 읽다 보면 빌레몬을 제외한 다른 사람들이 꼭 등장할 이유는 없는 것처럼 보입니다. 바울이 특정한 목적으로 빌레몬 한 사람에게 계속 이야기하고 있기 때문입니다. 그렇다면 여러 사람과 교회가 수신자로 언급된 이유는 무엇일까요? 왜 사도 바울은 다분히 개인적인 편지에 여러 사람을 등장시키고는 교회에게 편지한다고 했을까요? 그는 왜 이런 식으로 교회를 강조하고 있을까요?

그것은 사도 바울이 하나님 나라의 문맥에서 교회, 교회의 문맥에서 개인을 생각하고 있기 때문입니다. 이런 의미에서 빌레몬서는 단순히 개인에게 보내는 편지가 아니라 교회를 향해 보내는 편지라고 할 수 있습니다.

좀더 구체적으로 이야기하면, 사도 바울은 빌레몬이 도망친 오네시모를 용서하는 문제를 빌레몬과 오네시모 두 사람의 개인적인 문제에 국한하지 않고 교회와 성도들의 영역으로 확장합니다. 중재자인 바울, 용서를 해야 하는 빌레몬, 그 용서를 받아야 하는 오네시모의 관계 속에서 교회의 역할과 관심을 촉구합니다. 즉 교회는 이와 같은 문제가 생겼을 때 어떻게 처리해야 하는가, 교회는 그런 처지에 놓여 있는 사람과 어떤 관계에 있는가 하는 점들을 언급하고 있습니다.

암시적으로 바울의 생각은 개인과 개인 사이에만 국한되어 있는 것이 아니라 그 범위가 아주 넓습니다. 항상 모든 일을 교회의 관점과 하나님 나라의 관점에서 풀어 가기 때문입니다. 이런 모습은 비단 사도 바울뿐 아니라 우리에게도 해당됩니다. 무슨 일을 생각하든지 개인과 가정에서만 머물 것이 아니라 하나님과 교회의 관점에서 생각해야 합니다.

여기서 '교회'란 자신이 다니는 교회만을 이야기하는 것이 아닙니다. 보이지 않는 무형 교회의 관점에서 생각해야 한다는 뜻입니다. 우리의 인생사에서 일어나는 모든 문제들과 오늘 나에게 닥친 개인적인 문제들을 바로 이런 교회의 관점, 더 크게는 하나님 나라의 관점에서 생각할 줄 알아야 합니다. 이런 관점을 가진 사람이 바로 성도이고, 믿음의 사람입니다. 왜냐하면 우리의 소속은 이 세상에 속해 있는 것이 아니라 하나님 나라에 속해 있고, 하나님 나라를 위해서 존재하는 사람들이기 때문입니다.

목표와 수단을 분별하는 삶

그렇다면 바울이 빌레몬이 오네시모를 용서하게 하는 문제를 교회의 관점에서 어떻게 처리하고 있는지 본문을 통해 살펴봅시다. 먼저 사도 바울은 자신이 감옥에 갇힌 것을 복음의 도구로 사용하게 됩니다.

1절을 보십시오.

"그리스도 예수를 위하여 갇힌 자 된 바울과 및 형제 디모데는……."

바울의 삶의 목표는 예수 그리스도를 위하여 사는 것입니다. 이것은 하나님 나라를 목표로 삼는 것과 같은 말입니다. 그의 관심은 하나님 나라에 있기 때문에 바울의 삶의 목표는 항상 예수 그리스도를 위해 살아가는 것입니다. 자신의 부귀와 명예를 위해, 자신의 실력을 드러내기 위해, 자신의 꿈을 성취하기 위해 살아가는 것이 아니라 오직 그리스도를 위해 살아가는 것입니다. 바울에게서 예수 그리스도를 빼 버린다면 바울도 존재하지 않게 됩니다. 바울의 삶은 온통 예수 그리스도로 가득 차 있습니다. 그는 예수 그리스도를 위해 말하고, 행동하고, 살아갑니다.

그런데 예수 그리스도를 위해 산다는 것에 대해 오해하는 사람들이 많습니다. 종교적인 행위를 하는 것을 그리스도를 위해 사는 것이라고 생각합니다. 교회에 열심히 나오고, 기도하고, 헌금을 많이 하면 예수 그리스도를 위해 사는 것이라고 여깁니다. 이 말이 정말 맞습니까? 물론 그리스도인에게는 믿음의 열매로 나타나는 행위가 있어야 합니다. 그러나 종교적인 행위가 열매 차원에서 나타나기는 하지만 이런 행위만 있다고 해서 그것이 곧 예수 그리스도를 믿는 것은 아닙니다. 왜냐하면 종교적인 분위기에 취해 신앙의 행위를 흉내 내거나, 경건의 모양을 가식적으로 드러낼 수도 있기 때문입니다.

또 사람들은 세상 돌아가는 일에 관심을 아예 갖지 않는 것이 예수 그리스도를 위한 삶이라고 오해합니다. 그래서 세상과 완전히 단절된 삶을 살고자 산속에 들어가거나 수도원에 들어가 삽니다. 이런 극단적인 방법으로 발전된 것이 바로 은둔주의입니다. 그러나 수도원 생활을 한다고 해서 세상과 완전히 담을 쌓은 채 살아가는 것은 아닙니다. 물론 세상과 약간의 단절은 있을 수 있지만 말입니다.

우리는 세상과 단절된 채 살아갈 수 없습니다. 학업이나 직장 생활, 사람과의 교제나 문화 생활을 하지 않을 수 없습니다. 다만 그리스도인들은 세상의 문화적인 요소들과 같이 어울려 생활하지만 그 사상을 본받지 않고 살아가야 합니다. 그리고 기독교 교

리를 많이 아는 것만이 예수 그리스도를 위해 사는 삶도 아닙니
다. 많은 교리를 안다고 해도 하나님과 나와의 교제나 교류가 없
으면 그것은 그냥 이론만 있는 삶입니다.

그렇다면 예수 그리스도를 위해 산다는 것은 무엇을 의미합니
까? 사람마다 그 정의가 다를 수 있지만 저는 무엇이 목표이고,
무엇이 수단인지를 분별하는 삶이라고 생각합니다. 다시 말해 하
나님 나라와 예수 그리스도는 목표가 되고, 나머지는 모두 그것
을 위한 수단입니다. 그래서 우리의 모든 삶은 그리스도를 위한
수단이지 목표가 아닙니다. 우리의 학업과 직장 생활, 결혼과 자
녀 양육 등 모든 것이 예수 그리스도를 위한 수단이지 목표가 되
지 못합니다.

교회에 다니는 것도 그 자체가 목표는 아닙니다. 목회를 하는
것도 그 자체가 목표는 아닙니다. 우리 삶의 모든 목표는 하나님
나라와 예수 그리스도를 위해 살아가는 것입니다. 그 목표를 이
루기 위해 필요한 많은 과정과 수단이 우리 삶에 요구됩니다.

예수를 위해 갇히다

그렇기 때문에 예수 그리스도를 위한 삶에서 파생되는 여러 가지
일들은 큰 문제가 아닙니다. 사도 바울도 사역을 하면서 많은 일
들을 겪었지만 그 문제들을 크게 노출시키지 않았습니다. 다시

빌레몬서 1절을 보십시오.

"그리스도 예수를 위하여 갇힌 자 된 바울과 및 형제 디모데는……."

지금 바울은 감옥에 갇힌 상황입니다. 그는 예수를 믿는다는 이유로 감옥에 갇힌 것입니다. 만일 바울이 예수를 믿지 않았다면 감옥에 갈 특별한 이유가 없습니다. 왜냐하면 그는 당시의 사회적 상황과 대립되는 요소를 거의 가지고 있지 않았기 때문입니다. 하지만 예수 그리스도로 인하여 사도 바울은 종종 감옥에 들어갔습니다.

사도 바울이 감옥에서 쓴 편지를 옥중서신이라 합니다. 이에 해당하는 성경은 모두 네 권으로 에베소서, 빌립보서, 골로새서, 빌레몬서입니다. 빌레몬서를 제외하고 다른 책들을 살펴보면 교리적인 부분을 많이 다루고 있습니다. 그런데 세 권의 옥중서신 인사말에서 그는 '갇힌 자 된 바울'이라는 말을 쓰지 않습니다. '예수 그리스도의 사도인 바울은'이라고 표현할 뿐이지 '갇힌 자 된 바울'이라 하여 갇힌 상황을 크게 노출시키지는 않습니다. 단지 빌레몬서에서만 자신이 처한 갇힌 상황을 자랑하듯 이야기합니다.

그 사실을 다섯 번씩이나 반복해 강조합니다. '그리스도 예수를 위하여 갇힌 자 된 바울'(1절), '나이가 많은 나 바울은 지금 또 예수 그리스도를 위하여 갇힌 자 되어'(9절), '갇힌 중에서 낳은 아들 오네시모'(10절), '복음을 위하여 갇힌 중에서'(13절),

'그리스도 예수 안에서 나와 함께 갇힌 자'(23절).

그렇다면 다른 서신에서는 강조하지 않는 사실을 왜 빌레몬서에서만 강조하는 것일까요? 아마도 뭔가 할 말이 있기 때문일 것입니다. 바울은 항상 무엇을 하든지 '하나님의 나라가 어떻게 하면 드러날까?' 하고 생각했습니다. 어떤 상황에 놓여 있든지 그는 자신이 처한 현실 속에서 복음 전파를 위해 최선을 다했습니다. 그래서 그는 감옥 생활에서 해방되는 일에 집중하지 않았습니다. 오히려 그 일이 예수님을 위해서 복음을 전파하는 유용한 도구가 되도록 하는 것에 관심이 많았습니다. 뿐만 아니라 그가 감옥에 갇힌 현실은 빌레몬이 오네시모를 용서하도록 설득하는 데 좋은 자료가 되었습니다.

바울은 빌레몬에게 오네시모를 용서하라고 설득하는 편지를 썼습니다. 사실 우리는 빌레몬이 오네시모를 용서하는 것이 별일 아니라고 생각할 수 있습니다. 하지만 당시 빌레몬은 주인이었고 오네시모는 종이었습니다. 오네시모가 도망갈 때 그냥 갔겠습니까? 보통 사람들은 먼 길을 떠날 때 필요한 옷가지나 물건과 함께 여비를 마련해 가져갑니다. 많은 학자들은 오네시모도 주인의 돈이나 귀중품을 훔쳐 갔을 것이라고 주장합니다. 성경에 명시되어 있지는 않지만 우리는 그 사실을 추론할 수 있습니다.

그 당시는 사장 밑에 부장이나 과장이 있는 것도 아니고, 종은 그저 주인에게 절대 복종해야 하는 위치에 있었으며, 주인은 그를 죽일 수도 있었습니다. 그런데 만일 종이 주인의 돈과 귀중품을 훔쳐 달아났다고 한번 생각해 보십시오. 아마 그 상황이라면 주인은 무척 화가 나서 종을 찾아 죽일 수도 있을 것입니다. 그러나 사도 바울은 종이었던 오네시모를 주인이었던 빌레몬에게 한 통의 편지를 써서 돌려보냅니다.

바로 그 편지가 빌레몬서입니다. 그래서 빌레몬서의 첫머리에 기록된 '그리스도 예수를 위하여 갇힌 자 된 바울'(1절)이란 표현은 참으로 많은 의미를 담고 있습니다. 다시 말해 바울은 예수 그리스도를 위한 삶에는 항상 풍요롭고 편안하고 좋은 일만 있는 것이 아니라 고생스럽고 힘든 일도 있다는 사실을 알려주고 있습니다.

왜 이런 말을 빌레몬에게 하고 있습니까? 그 이유는 우리도 이렇게 어려운 상황에 처할 수 있으므로 빌레몬도 조금 손해를 보라고 설득하는 것입니다. 오네시모로 인하여 화가 났겠지만 그를 용서하라고 합니다. 빌레몬은 자신의 판단대로 종이었던 오네시모를 용서하든지 아니면 그의 잘못을 추궁해 엄히 벌할 수 있는 절대적인 권한이 있었습니다. 그렇기 때문에 바울은 오네시모를 용서하는 분위기를 만들기 위해서 빌레몬에게 '갇힌 자 된 바울'이라 말하고 있는 것입니다.

그뿐만이 아닙니다. 빌레몬서 중간 부분에서는 '나이가 많은 나 바울은'(9절)이라고 하며 나이를 들먹이기도 합니다. 또한 뒷부분에서는 '나 바울이 친필로 쓰노니'(19절)라고 이야기하기도 합니다. 사도 바울은 시력이 별로 좋지 않았던 것 같습니다. 어떤 서신들은 대필하기도 했기 때문입니다. 하지만 빌레몬서는 자신이 직접 쓴 것이라고 강조합니다.

이렇게 바울은 '갇혔다, 나이가 많다, 친필로 쓴다'는 등의 표현으로 오네시모를 용서하지 않으면 안 되도록 빌레몬의 마음을 향해 활을 쏘았습니다. 보이지 않게 선의의 압력을 가하고 있는 것입니다. 이런 모습이 바로 복음을 생각하는 고수들의 행동입니다.

고수들은 벌써 스타일과 행동이 다릅니다. 하수들은 그저 자기 중심으로 '내 것 아니면 네 것'이라고 싸울 뿐이지만 고수들은 하나님 나라의 스케일을 가지고 있기 때문에 어떤 상황에 처해 있더라도 그것을 복음을 위한 도구로 사용하고자 노력합니다. 하수들 같으면 빨리 감옥에서 나가려고만 하면서 답답해 못살겠다고 소리칠 것입니다. 그런 사람들은 돈을 써서 사람들을 매수하고 변호사를 사서라도 빨리 감옥에서 자신을 빼 달라고 할 것입니다.

그러나 사도 바울은 자신의 어려움을 호소하며 감옥에서 해방될 수 있도록 해 달라고 말하지 않았습니다. 오히려 그는 감옥에서도 예수 그리스도를 위하여 갇힌 것을 자랑스럽게 생각했습니다. 다른 옥중서신인 에베소서나 골로새서에서도 마찬가지였습니다. 도리어 그는 자신이 처한 힘든 상황을 복음의 도구로 사용할 줄 아는 아주 위대한 사람이었습니다. 얼마나 스케일이 큰 멋있는 사람이었습니까! 이렇게 바울처럼 복음을 생각하는 사람들은 어떤 삶이든지 그것이 하나님 나라를 위해서 사용될 것인지 먼저 생각합니다.

오늘날 한국 교회에 이런 바울의 모습은 좋은 본보기가 됩니다. 즉 그리스도인들도 갇힐 수 있지만 그것 또한 복음을 위해 사용할 줄 알아야 합니다.

시시때때로 우리에게 나쁜 환경이 주어질 수 있습니다. 괴롭고 힘들고 안 풀리는 환경이 주어질 수 있습니다. 그럴 때마다 우리는 하나님께 "왜 나는 항상 이런 상황에 머물러야 합니까? 지금 너무 힘들고 괴롭습니다. 이 상황에서 빨리 벗어나게 해 주십시오"라고 기도할 수 있습니다. 하나님께서는 항상 우리의 기도를 들으십니다. 하지만 그분은 "너의 괴로움과 바람을 이미 알고 있고 그것을 이미 생각하고 해결하고 있다"라고 말씀하시고 계실 것입니다. 다만 우리가 처한 상황이 복음을 위해 어떻게 사용될 것인지 우리가 생각하길 원하고 계십니다. 이것을 하나님은 더 원하고 요구하고 계십니다. 따라서 그리스도인들은 모든 일을 하나님의 관점에서 생각해야 합니다. 그리고 교회의 관점에서 우리 개인의 생활을 생각할 줄 알아야 합니다.

주종 관계를 넘어 형제 관계로

사도 바울은 그런 논지에서 빌레몬서를 써 내려갔습니다. 그래서 '갇힌 자 된' 것을 빌레몬에게 이야기함으로써 오네시모를 용서하도록 설득했습니다. 뿐만 아닙니다. 1절을 다시 보십시오.

"그리스도 예수를 위하여 갇힌 자 된 바울과 및 형제 디모데는……."

우리는 여기에 나오는 '형제 디모데'라는 표현을 살펴봐야 합니다. 다른 서신에서는 디모데를 형제라고 하기보다 '아들'이라고 이야기했습니다.

"내가 주 안에서 내 사랑하고 신실한 아들 디모데를 너희에게 보내었으니 그가 너희로 하여금 그리스도 예수 안에서 나의 행사 곧 내가 각처 각 교회에서 가르치는 것을 생각나게 하리라"(고전 4:17).

"믿음 안에서 참 아들 된 디모데에게 편지하노니 하나님 아버지와 그리스도 예수 우리 주께로부터 은혜와 긍휼과 평강이 네게 있을지어다"(딤전 1:2).

"아들 디모데야 내가 네게 이 교훈으로써 명하노니 전에 너를 지도한 예언을 따라 그것으로 선한 싸움을 싸우며"(딤전 1:18).

바울은 디모데를 키웠고 성경을 가르쳤기에 영적인 측면에서 그의 아들이었습니다. 그리고 실제 나이를 봐도 바울은 나이가 많았고 디모데는 어렸습니다. 그래서 나이가 많은 사람이 적은 사람을 아들처럼 생각할 수 있었습니다. 그런데 빌레몬서에서는 '아들'이라고 하지 않고 '형제 디모데'라고 말했습니다. 그 이유가 무엇입니까?

현실적으로 빌레몬과 오네시모의 관계는 주종 관계였습니다. 하지만 예수 그리스도 안에서, 하나님 나라의 원리 안에서 두 사람의 관계는 주종 관계가 아닌 형제 관계입니다. 그리스도인들은 피를 나눈 사이는 아니지만 형제 이상으로 친밀한 관계입니다. 이것은 교회의 문맥과 하나님 나라의 문맥 안에서만 나올 수 있는 등식입니다. 그렇기 때문에 바울은 이 등식을 지금 빌레몬에게 알리고 있는 것입니다.

교회 안에는 계급이 없다

빌레몬서를 쓸 때 사도 바울은 많은 고민을 하며 한자 한자 적어 내려갔습니다. 그래서 그는 교회 구성원의 다양성을 생각하면서 교회의 관점에서 두 사람의 관계가 어떠해야 하는지 설명했습니다. 외형적으로 보면 빌레몬과 오네시모의 관계는 주인과 종의 관계였습니다. 그렇지만 교회의 문맥에서는 주종 관계가 성립되지 않습니다.

본문에 등장하는 사람들의 모습을 살펴보십시오. 바울, 디모데, 빌레몬, 오네시모, 압비아, 아킵보가 나오는데, 이들은 공통점이 있었습니다. 모두 '네 집에 있는 교회'(2절)에 속해 있는 사람들이라는 것입니다. 물론 바울과 디모데는 멀리 떨어져 있지만 큰 의미로 볼 때 교회에 속한 사람들이었습니다. 이들은 모두 교회의 구성원들이었습니다. 이것이 그들의 공통점이었습니다.

그러나 이들에게는 차이점도 있었습니다.

첫째, 성별이 달랐습니다. 남성도 있었고 여성도 있었습니다. 바울과 빌레몬은 남성이었습니다. 하지만 압비아는 여성이었습니다. 아마 빌레몬의 부인일 가능성이 많습니다. 또한 '네 집이 있는 교회' 안에는 다른 여성들도 많았을 것입니다. 이 교회에는 남녀가 함께 있었습니다.

둘째, 국적도 달랐습니다. 사도 바울은 유대인이었고, 빌레몬과 압비아와 아킵보는 이방인이었습니다.

셋째, 계급도 달랐습니다. 빌레몬은 주인이었던 반면 오네시모는 종이었습니다. 당시 빌레몬이 다녔던 교회는 골로새 교회를 말하는 것인데, 그곳에는 종들이 많았습니다.

넷째, 나이도 달랐습니다. 바울은 나이가 많았고 디모데는 나이가 어렸습니다. 늙은이와 젊은이가 함께 모여 있었습니다.

이런 다양한 신분을 가진 사람들이 교회 구성원들이었습니다. 다시 말해 골로새 교회의 구성원들은 남녀노소, 이방인과 유대인, 주인과 종이 모두 섞여 있었습니다. 그렇다면 교회는 어떤 곳입니까? 서로 다른 사람들이 함께 모여서 예수 그리스도라는 공통 분모로 인해 하나가 되는 곳이 바로 교회입니다. 따라서 교회에 어떤 특정한 사람들만 많이 모이는 것은 좋지 않습니다. 교회는 다양한 사람들이 모일 수 있어야 합니다. 다양한 사람들이 모였지만 그들이 하나의 성도로서, 하나의 형제 자매로서 모일 수 있는 곳이어야 합니다.

교회에는 신분의 차이가 없습니다. 그런데 요즘 한국 교회에 이상한 현상이 나타나고 있습니다. '성도님'이라고 부르면 기분 나빠합니다. 성도라는 단어가 좋지 않게 쓰이는 것입니다.

교회에서 가장 높은 사람이 목사입니까? 다음이 장로이고 권사입니까? 그 다음이 집사, 권찰, 성도의 순서입니까? 이렇게 말하는 사람이 있다면 그것은 성경을 잘못 이해한 것입니다. 성경은 은사와 기능의 차이는 있지만 신분의 차이가 있다고 이야기하지 않습니다.

만일 어느 교회에서 어떤 특정한 인물이 득세하려고 한다면 그것은 성경적인 원리를 왜곡하는 일입니다. 그리스도인들은 모두 하나님 나라를 위한 종들이며, 오직 유일하신 하나님만이 주인으로 드러나야 합니다.

사실 '성도'라는 단어가 얼마나 좋은 말입니까! 천주교에서는 성도라는 말을 듣기가 참 어렵습니다. 성 베드로, 성모 마리아 등 '성~'이라고 해서 특별한 사람들에 대해서만 그렇게 부릅니다. 그런데 우리는 예수 그리스도 안에서 모든 사람들이 성도가 되었다고 하니까 이 말을 너무 가볍게 생각하는 측면이 있습니다. 성도는 위대한 신분입니다. 아무에게나 주어지는 것이 아닙니다. 청와대에서 받는 어떤 훈장보다 더 귀한 것입니다.

'동역자들'이 움직이는 교회

빌레몬서에 나오는 사람들의 이름 앞에 붙은 수식어를 살펴보십시오. '갇힌 자 된 바울'(1절), '형제 디모데'(1절), '동역자인 빌레몬'(1절), '자매 압비아'(2절), '병사 아킵보'(2절)라고 기록되어 있습니다.

교회의 기능에는 이런 요소들이 모두 포함되어 있습니다. 다시 말해 갇힌 자, 형제, 동역자, 자매, 병사의 기능이 다 함께 있는 것입니다.

'갇혔다'는 것은 그리스도인들은 모두 어려움을 겪을 수 있다는 사실을 뜻합니다. 또한 함께 일하는 '동역자'도 있습니다. 목사의 동역자는 전도사나 부목사만 있는 것이 아닙니다. 모든 성도가 동역자입니다. 우리의 관계는 형제, 자매의 관계이지만 병사의 기능을 가지고 있습니다. 그릇된 사상이 교회에 들어오는 것을 방어해야 할 병사의 기능이 필요합니다.

왜 이런 이야기를 사도 바울은 하고 있습니까? 교회에서 다양한 역할과 기능이 드러날 때 바로 오네시모와 빌레몬의 관계가 단순한 주종 관계가 아닌 예수 그리스도 안에서 한 형제요, 같은 아버지를 모신 관계로 발전할 수 있기 때문입니다. 그리고 빌레몬이 오네시모를 진정으로 용서하는 모습이 나타날 수 있기 때문입니다.

하나님의 프리즘에서 퍼지는 사랑과 은혜와 평강

사도 바울은 교회의 문맥에서 이 사실을 주지시키기 위해서 나름대로 큰 원리를 가지고 말합니다. 여기서 우리는 실제적인 행동을 하는 데 필요한 세 가지 원리를 발견할 수 있습니다.

첫째는 사랑이 있어야 가능합니다. 빌레몬서 1절에는 '사랑을 받는 자요'라고 기록되어 있습니다. 다시 말해 사랑의 관계 속에서 실제적인 행동이 나올 수 있다는 것입니다.

그리고 둘째와 셋째는 은혜와 평강이 있어야 합니다. 3절을 보십시오.

> "하나님 우리 아버지와 주 예수 그리스도로부터 은혜와 평강이 너희에게 있을지어다."

이런 실제적인 행동을 통해서 용서가 이루어질 수 있습니다. 그런데 사랑과 은혜와 평강은 어디서부터 오는 것입니까? 빌레몬서 3절을 보면 '하나님 우리 아버지와 주 예수 그리스도'로부터 온다고 합니다. 따라서 하나님 아버지와 주 예수 그리스도로부터 오는 사랑과 은혜와 평강이 아니라면 그것은 이미 사랑과 은혜와 평강이 아닙니다.

진정한 사랑과 은혜와 평강은 하나님께로부터 오는 것입니다. 그렇기 때문에 이것을 행할 수 있는 것은 오직 하나님 나라에 속한 교회뿐입니다. 또한 그 교회에 속한 성도들만이 실제적인 행동을 할 수 있습니다.

행동하는 믿음이 능력 있고 아름답다

사도 바울은 어떤 실제적인 행동을 하고 있습니까? 빌레몬에게 보내는 편지를 썼습니다. 오네시모를 자기 옆에 둘 수 있지만 그렇게 하지 않고 그를 통해 편지를 보냈습니다. 2절을 보십시오.

"자매 압비아와 우리와 함께 병사 된 아킵보와 네 집에 있는 교회에 편지하노니."

나이가 들어 시력이 좋지 않은 그가 직접 편지를 쓰는 일은 쉽지 않았을 것입니다. 하지만 이렇게 편지를 씀으로써 자신이 가지고 있는 예수 그리스도의 사랑과 은혜와 평강을 드러냈습니다. 그리고 교회의 기능 안에서의 모든 것들을 열매로 나타냈습니다. 이것이 바로 그리스도인들의 실제적인 행동입니다. 행동이 없는 이론과 단순한 지식은 아무 의미가 없습니다. 예수 그리스도를 위한 분명한 목표와 확신 속에서 바울은 이 일을 실천하고 있는 것입니다. 이것이 바로 잘 만들어진 한 편의 드라마 같은 교회의 아름다운 모습입니다.

그렇다면 교회의 아름다운 모습은 어떤 것입니까? 정리하면 하나님의 관점에서 생각하고 행동하는 것입니다. 우리는 모두 그런 사람이 되어야 합니다. 우리가 아름다운 교회를 이루어 가고자 한다면 항상 하나님의 관점에서 생각하고 행동해야 합니다. 교회는 다양한 사람들이 예수 그리스도를 위한 목표 아래서 주어진 일들을 수행하는 곳입니다. 그러므로 교회에 속한 모든 성도들은 자기가 처한 현실을 복음의 도구로 사용하고 함께 협력하여 교회의 목표를 이뤄 가야 합니다.

이런 실천은 사랑과 은혜와 평강의 터전에서 이루어집니다. 이 터전이 완벽한 것은 이 일이 모두 우리 아버지 하나님과 우리 주 예수 그리스도에게서 온 것이기 때문입니다. 그래서 우리는 실제로 행동할 수 있는 것입니다. 바울처럼 수고스럽지만 직접 편지를 써서 보냄으로써 행동하는 것입니다. 이런 요소가 있는 것이 아름다운 교회입니다. 이 교회의 모습은 바로 저와 여러분과 교회에 속한 모든 이들이 함께 이루어 가야 하는 것입니다.

2장

믿음으로 화합하는 교제의 나무

내가 항상 내 하나님께 감사하고 기도할 때에 너를 말함은 주 예수와 및 모든 성도에 대한 네 사랑과 믿음이 있음을 들음이니 이로써 네 믿음의 교제가 우리 가운데 있는 선을 알게 하고 그리스도께 이르도록 역사하느니라 형제여 성도들의 마음이 너로 말미암아 평안함을 얻었으니 내가 너의 사랑으로 많은 기쁨과 위로를 받았노라(몬 4~7).

교회의 정원에서 교제의 나무를 키워라

"이제는 영원한 적도 동지도 없다. 어제의 동지도 오늘의 적이 되고 오늘의 적이 내일의 동지가 될 수 있다."

어디서 많이 들어 본 말일 것입니다. 오늘날 국가간에 이루어지는 외교를 보고 흔히 쓰는 말입니다.

그런데 이것은 국가 관계뿐만 아니라 개인 관계에서도 사용되고 있습니다. 어제의 친구가 오늘의 적이 될 수 있고, 오늘의 적이 내일의 친구가 될 수 있는 상황 속에서 우리가 살고 있는 것입니다.

오늘날 국가간에, 사람들 사이에 이런 모습이 왜 나타나고 있는지 한번 생각해 봅시다. 사람들 사이의 관계가 어떤 진실이나 의리나 희생보다는 실리적인 차원에서 서로의 이익을 생각하고 자기의 이기심을 드러내기 때문입니다. 그리하여 이익이 되면 친구가 되고, 이익이 되지 않으면 적이 되는 상황에 놓여 있습니다. 진실이나 희생의 개념과는 점점 멀어지게 됩니다. 이런 현실 속에서는 '희생'과 '진실'이라는 단어가 들어갈 공간이 존재하지 않습니다.

이제 사람들의 사고는 보다 큰 스케일을 가지고 인생을 생각하는 것이 아니라 본능에 가까운 수준에 머무릅니다. '내 것'과 '우리 것'에 강한 집착을 보입니다. 그래서 개인 이기주의나 집단 이기주의가 발생하게 된 것입니다. 이런 공동체의 개념 속에서는 각 개인의 존엄성이 무시될 수밖에 없습니다. 이런 현상이 오늘날의 사회를 지배하고 있습니다.

1장에서 살펴보았듯이 그리스도인들은 하나님 나라의 기준에서 교회를 생각하고, 교회 안에서 각 개인의 관계를 생각해야 합니다. 그런데 오늘날 많은 사람들이 그렇게 생각하지 않기 때문에 이와 같은 위기가 다가온 것입니다. 이 모습은 사회적인 현상만이 아니라 오늘날 그리스도인들에게도 나타나고 있습니다. 굉장히 이기적이고 실리적이고 자기 중심적이 되어 공동체의 기능이 사라지고 있습니다.

혼자 예수님을 잘 믿고, 혼자 하나님과 깊은 관계 속에서 자신의 경건 생활을 유지하면 된다고 생각합니다. 신앙적인 모습은 좋지만 모든 것을 자기 중심으로, 자기가 좋아하는 방식으로 하나님과 일대일의 관계를 유지하면 된다고 생각하는 경향이 강합니다.

그러므로 오늘날 우리는 그리스도인들이 교회 공동체에서 당연히 해야 할 일들을 하지 않는 경우를 자주 목격하게 됩니다. 그 이유는 바로 교회 내에 팽배한 개인주의 때문입니다.

산상수훈을 보면 이런 사람을 '믿음이 적은 자'(마 6:30)라고 말합니다. 이들은 하나님과의 관계에서 구원의 문제만 생각할 뿐이지, 삶의 모든 영역 가운데 이루어지는 복음의 능력과 흐름을 인식하지 못합니다. 그래서 세상의 모든 일을 생각하며 걱정합니다. 예수님은 이들의 모습을 책망하시며 이렇게 교훈하십니다.

"내일 일을 위하여 염려하지 말라 내일 일은 내일 염려할 것이요 한 날의 괴로움은 그 날로 족하니라"(마 6:34).

교회 안에서의 새로운 관계

그리스도인의 신앙은 하나님 나라의 개념 속에서 교회를 생각하고, 교회 안에서 개인을 생각하는 것입니다. 바울은 항상 이 원칙을 마음속에 간직하면서 빌레몬서를 기록했습니다. 다시 말해 그는 하나님 나라 안에서 교회를 생각하고 교회 안에서 개인을 생각했습니다.

그런 관점에서 바울은 빌레몬이 오네시모를 용서하고 형제로 받아들이는 화합의 문제를 두 사람만의 관계 속에서 설명하지 않았습니다. 사도 바울은 '교회'라는 큰 개념 안에서 생각했기 때문에 빌레몬서 첫머리에서 '교회에 편지하노니'(2절)라고 기록했습니다.

그 뒤 바울은 교회 안에서 이루어지는 성도들간의 관계의 중요성을 언급했습니다. 그런데 그 언급하는 분위기를 살펴보면 직접적으로 성도들간의 관계가 중요하다는 원리를 제시하는 것이 아니라 그냥 빌레몬을 칭찬하는 내용이 나옵니다. 빌레몬서 4~7절을 보십시오.

"내가 항상 내 하나님께 감사하고 기도할 때에 너를 말함은 주 예수와 및 모든 성도에 대한 네 사랑과 믿음이 있음을 들음이니 이로써 네 믿음의 교제가 우리 가운데 있는 선을 알게 하고 그리스도께 이르도록 역사하느니라 형제여 성도들의 마음이 너로 말미암아 평안함을 얻었으니 내가 너의 사랑으로 많은 기쁨과 위로를 받았노라."

사도 바울은 빌레몬을 매우 칭찬했습니다. 그러나 그 내용 속에는 두 가지 깊은 뜻이 숨어 있었습니다.

첫째, 바울은 빌레몬을 칭찬함으로써 오네시모를 용서하라는 무언의 압력을 넣었습니다.

둘째, 그는 교회에서 나타나야 할 교제의 기능을 언급함으로써 용서의 정당성을 강요했습니다. 다시 말해 바울은 은연중에 "네가 믿음의 교제가 좋고 사람들을 사랑하고 염려하는 것이 너무 아름답다. 그 아름다운 교제의 모습이 교회의 역할인데, 그렇다면 너도 당연히 오네시모를 그 터전 위에서 용서해야 하지 않겠느냐? 교회가 바로 그런 일을 하는 곳이다"라고 설득하고 있었던 것입니다.

교회는 믿음의 교제가 이루어지는 곳입니다. 그런 전제를 가지고 있기 때문에 당연히 빌레몬도 압력을 받을 수밖에 없었을 것입니다. 누군가를 용서하거나 사랑하지 못하는 것은 교회의 흐름과 문맥에 맞지 않는 것이기 때문에 스스로 잘못하고 있다는 사실을 알게 될 것입니다. 이렇게 성도들간의 교제는 매우 중요합니다.

신앙 생활은 함께하는 것

그러나 오늘날은 성도들간의 교제가 많이 사라지고 있습니다. 신앙 생활은 혼자 하는 것이라 생각하고, 그 누구의 간섭도 받지 않고 간섭하지도 않으며, 자기 자신의 권리는 스스로 지킨다는 사회적인 개념이 교회 안에도 들어왔습니다.

이런 생활을 하는 사람들은 교회를 그저 자신에게 영적 도움을 주는 것으로 국한하여 생각합니다. 내가 한 교회의 지체로서 다른 사람들과 함께 서로서로 도움을 주고받는 하나의 공동체를 이루면서 교회가 하는 역할을 수행해 나가는 쪽으로 생각하지 않습니다. 그냥 혼자 교회에 나가서 예수님을 잘 믿으면 된다고 생각할 뿐입니다.

그러나 사도 바울은 교회의 모습을 사람의 몸에 비교했습니다. 몸에는 손, 발, 눈, 코, 입 등 각 기관이 있는데 그것들이 각각 제 기능을 수행할 때에만 몸 전체가 제대로 기능을 발휘할 수 있습니다. 교회도 마찬가지입니다. 개인과 개인의 관계 속에서 그 기능을 발휘하는 것입니다. 그렇기 때문에 교회는 이런 요소를 모두 가지고 있어야 합니다. 첫째는 함께 모여 예배를 드리고, 둘째는 진리를 가르치고 배우며, 셋째는 복음을 전파하고, 넷째는 서로간에 섬김과 나눔이 있습니다. 여기서 넷째 요소인 '섬김과 나눔'이 바로 성도들의 교제입니다.

이런 성도들의 교제를 통해 개인의 신앙이 자라고 하나님이 원하시는 뜻을 확인할 수 있습니다. 그러므로 교회에서 교제의 역할은 매우 중요합니다. 그저 부수적인 요소가 아닙니다. 예배나 기도와 마찬가지로 중요한 의미를 가지고 있습니다.

교제: 나로부터 너에게로, 그리고 우리가 함께

그렇다면 본문은 성도들간의 교제를 어떻게 설명하고 있습니까? 빌레몬서 4절을 보십시오.

"내가 항상 내 하나님께 감사하고 기도할 때에 너를 말함은."

바울은 '내가 항상 내 하나님께 감사한다'고 표현했습니다. 주어를 살펴보면 1인칭입니다. 그가 빌레몬에게 편지를 보내면서 '나'를 강조한 것은 어떤 교제권에서 일차적으로 자기 자신을 중요하게 여겼다는 말입니다. 교제권의 중심이 일차적으로는 '나'라는 것입니다. 많은 사람들은 교제를 이야기할 때 내가 중심이 아니고 상대방이 주체가 될 때가 많습니다. 상대방이 나에게 잘해 줘야 교제가 원만하게 잘 이루어진다고 합니다. 그러나 그것은 상당히 수동적인 자세입니다.

교제는 여러 사람들과의 화합 속에서 이루어지지만 일차적으로는 내가 적극적이고 능동적으로 교제권을 형성해야 합니다. 그래서 사도 바울은 '내가 항상 내 하나님께 감사한다'고 1인칭 표현을 사용하며 상당히 적극적이고 능동적인 모습을 보였습니다.

생각과 행동의 주체가 자기 자신이었습니다.

그러나 행동의 주체는 자신이었지만 교제권에서 혜택을 누리는 쪽은 누구로 강조되어 있습니까? 4절을 보십시오.

"내가 항상 내 하나님께 감사하고 기도할 때에 너를 말함은."

사도 바울은 '너'를 말한다고 했습니다. 여기서 '너'는 일차적으로 빌레몬을 말하는 것입니다. 그러나 이 구절을 오늘날의 교회에 적용했을 때 '너'는 바로 상대방을 칭합니다. 교제의 목표는 항상 다른 사람을 생각하는 것이며, 이처럼 바울의 관심은 온통 자기 자신이 아닌 교제의 대상에게 집중되어 있었습니다. 상대방을 위해 신경 쓰고 배려하며, 그 안에서 하나님 나라의 백성으로 함께 성장하는 모습을 생각했습니다.

이런 행동은 어디에 기초하고 있습니까? 다시 4절을 살펴보십시오.

"내가 항상 내 하나님께 감사하고 기도할 때에 너를 말함은."

여기에 1인칭인 '내'가 있고, 2인칭인 '너'가 있으며, 마지막에 3인칭인 '하나님'이 등장했습니다. 사도 바울의 논리에서는 하나님이 빠질 수 없었던 것입니다. 언제나 그의 사고는 하나님, 교회, 개인의 순서로 연결되어 있었기 때문입니다.

그리고 바울은 '감사'와 '기도'로 행동했습니다. 다시 말해 진정한 교제는 하나님 나라의 기초 위에서 항상 감사와 기도가 있는 것입니다. 그저 사람들끼리 어울려 그 만남만을 즐기고 기뻐하며 서로의 공통점을 말하는 것은 진정한 교제가 아닙니다. 물론 교제에는 그런 요소도 포함될 수 있습니다. 하지만 중요한 것은 성도들의 교제 안에 하나님이 존재하고 있어야 하고, 하나님이 존재하시기 때문에 항상 감사하고 기도해야 합니다.

이런 교제는 가끔 한 번 일어나는 것이 아닙니다. 빌레몬서 4절의 기록처럼 '항상' 접할 수 있어야 합니다. 다시 말해 성도들의 교제권은 언제나 지속적이어야 합니다.

그런데 여기서 '항상'이라는 말의 의미는, 그저 마음속으로만 생각한 채 드러내거나 말하지 않는 것이 아닙니다. 실제로 그런 생각이 있다면 그 사실을 드러내놓고 이야기하는 것이 중요합니다. 다시 4절을 봅시다.

"내가 항상 내 하나님께 감사하고 기도할 때에 너를 말함은."

바울은 '말한다'고 표현했습니다. 말하지 않으면 교제가 잘 형성되지 못합니다. 우리 한국 사람은 표현을 잘하지 않습니다. 부부간에도, 부모와 자식간에도 사랑한다는 말을 잘하지 않습니다. 하지만 사랑한다는 말은 얼마나 좋은 것인지 모릅니다.

우리가 "하나님, 사랑합니다!"라고 말하지 않는다고 해서 그분을 사랑하지 않는 것은 아닙니다. 그러나 그분에 대한 사랑이 넘치다 보면 자신도 모르게 그렇게 표현할 때가 있습니다. 찬양하면서 자신도 모르게 하나님을 향해 손을 들고 있을 때가 있지 않습니까! 정말 감동이 되고 사랑이 넘치면 뭔가를 표현하고 싶어집니다. 실제로 표현하지 못하는 것은 사랑이 부족하기 때문일 수도 있습니다.

사랑은 선택 과목이 아닌 필수 과목

사도 바울은 교제의 중요성을 생각했기에 기도할 때마다 '너를 말한다'(4절)고 했습니다. 그런데 교제의 측면은 이렇게 말하는 모습만 있는 것이 아닙니다. 듣는 것도 있습니다. 빌레몬서 5절을 보십시오.

"주 예수와 및 모든 성도에 대한 네 사랑과 믿음이 있음을 들음이니."

내가 말한다는 것은 상대방에 대해 들어서 그 내용을 알고 속사정을 알기 때문에 듣고 말할 수 있는 것입니다.

또한 우리는 그 '들음'으로 인해 감사할 수 있습니다. 그 감사의 내용은 5절의 '사랑'과 '믿음'이라는 두 가지 단어에 나타나 있습니다.

오늘날 인간들이 구사하는 언어 중에서 가장 많이 사용되는 단어는 무엇입니까? 아마 십중팔구 사랑이라는 단어일 것입니다. 그러나 많이 사용되는 만큼 오용될 여지도 많습니다. 왜곡도 하고 남발도 할 수 있습니다. 그렇다면 사랑은 선택 과목입니까, 아니면 필수 과목입니까?

그리스도인들에게 사랑은 선택 과목이 아닌 필수 과목입니다. 그래서 어떤 사람은 사랑의 은사가 있어서 사랑을 발휘할 수 있고, 어떤 사람은 사랑의 은사가 없어서 사랑을 발휘할 수 없다고 말한다면 그리스도인의 신앙을 왜곡하는 것입니다. 사랑은 누구에게나 있는 것입니다. 또한 하나님은 누구나 가지라고 말씀하십니다.

하지만 교회도 사람들이 모인 곳이기 때문에 성향이 잘 맞는 사람도 있고 잘 맞지 않은 사람도 있습니다. 성향이 맞지 않은 사람을 사랑하기란 참 힘이 듭니다. 그를 보기만 해도 기분이 나빠지기도 합니다. 그러나 성향과 기질과 마음이 맞는 사람은 서로 보기만 해도 좋고 유난히 끌리기도 합니다.

성경을 살펴보면 모든 사람들을 다 좋아해야 한다고는 이야기하지 않습니다. 하나님도 우리 인간의 성향을 잘 아시기 때문에 무조건 좋아하라고 말씀하시지 않습니다. 그러나 사랑하라는 말씀은 하십니다. 우리가 모든 사람들을 다 좋아할 수는 없지만, 하나님은 좋아하지 않는 사람들이라 하더라도 사랑하라고 말씀하십니다.

그런데 어떤 사람은 쳐다보기만 해도 너무 기분이 나쁘고 말 걸기도 싫습니다. 어떻게 하면 그를 사랑할 수 있을까요? 일단 사랑하는 척이라도 하십시오. 이것은 위선이 아닙니다. 하나님은 우리의 그런 노력을 요구하고 있습니다.

그리고 그에 대한 최대의 사랑은 그를 위해 기도하는 것입니다. 그렇기 때문에 원수도 사랑할 수 있습니다. 원수를 좋아할 수는 없지만 사랑할 수는 있습니다. 자신의 마음을 죽이고 기도함으로써 그를 사랑할 수 있습니다. 그렇기에 교회에서는 교제권이 사랑으로 형성될 수 있습니다. 성도들의 교제의 가장 중요한 부분은 사랑입니다.

믿음: 성도의 출발점

믿음은 있지만 사랑이 없다는 말이 있습니다. 그러나 이것은 말이 안 되는 이야기입니다. 믿음이 있으면 자연히 사랑이 생기게 됩니다. 즉 믿음의 열매는 사랑입니다. 그런 까닭에 사도 바울은 '네 사랑과 믿음이 있음을 들음이니'(5절)라고 이야기했습니다. 그는 사랑과 더불어 믿음을 강조했던 것입니다. 아마도 빌레몬의 모습이 그러했었나 봅니다.

그런데 우리는 믿음에 대해서는 '있다' 혹은 '없다'는 식으로 쉽게 구분할 수 있습니다. 믿음이 있으면 성도이고, 믿음이 없으면 성도가 아닙니다. 다시 말해 믿음이 있으면 그리스도인이고, 믿음이 없으면 비그리스도인입니다.

그러면 '많다' 혹은 '적다'는 식으로 믿음의 정도를 구분할 수 있습니까? 처음 예수님을 믿기 시작한 사람들에 대해서는 그런 식으로 구분할 수 없을 것입니다. 그러나 이미 믿음 안에 서 있는 사람들에 대해서는 그런 식으로 구분해 말할 수 있을 것입니다. 그렇지만 구원받는 일에만 국한해서 믿음이 있다거나 없다는 식으로 구분하는 것은 믿음이 적은 행동입니다.

성경을 살펴보면 예수님은 그런 사람들에게 '믿음이 적은 자들아' 하고 말씀하십니다. 배를 타고 가던 제자들이 풍랑을 만나 두려워하여 서둘러 예수님을 깨웠을 때도, 산상수훈에서 무엇을 입을까, 무엇을 먹을까 염려하는 자들에게도 이렇게 책망하셨습니다.

사도 바울이 교제와 함께 '믿음'을 언급하는 이유는 단순히 구원의 문제에 국한해 말하는 것이 아닙니다. 우리가 서로 사귀고 사랑하는 교제권을 형성하기 위해서는 믿음이 필요하다고 이야기하고 있는 것입니다.

그 믿음이 과연 무엇입니까? 모든 것을 포함한, 다시 말해 적은 믿음에 반대되는 많은 믿음을 가지는 일입니다. 그것은 자신의 어려움을 어려움으로 느끼지 않고 극복할 수 있는 힘, 미워하는 사람도 사랑할 수 있는 힘, 예수 그리스도 안에서 우리는 모두 한 형제라는 생각을 가지는 것입니다. 또 현재는 내가 불안하고 초조한 가운데 있을지라도 나를 도우시고 새로운 피조물로 만들어 가시는 하나님의 능력을 믿는 것입니다. 바로 이것이 바른 믿음입니다. 그런 믿음을 포괄한 상태에서 진정한 교제와 사랑이 이루어질 수 있습니다.

사랑과 믿음의 처음과 끝은 주 예수와 성도

그러면 '믿음'과 '사랑'은 누구에게 해당된 것입니까? 빌레몬서 5절을 다시 살펴보십시오.

"주 예수와 및 모든 성도에 대한 네 사랑과 믿음이 있음을 들음이니."

사랑과 믿음은 사람들과의 관계 속에서만 이루어지는 것이 아닙니다.

첫째, 본문에 등장하는 '주 예수'와의 관계가 반드시 필요합니다. 즉 우리가 예수님을 사랑하고 믿는 것입니다.

둘째, 주 예수와 더불어 '모든 성도'가 있어야 합니다. '성도'와 함께 중요한 단어가 '모든'입니다. 왜 그렇습니까? 모든 성도에 대한 빌레몬의 사랑과 믿음이 있음을 사도 바울은 감사하고 있기 때문입니다.

이것은 우리에게 성도를 사랑하고 신뢰하는 것이 어떤 특정한 사람만 사랑하고 인정하는 것이 아님을 교훈하고 있습니다. "네가 좋아하는 사람들에게 네 사랑과 믿음을 드러내니"라고 말한다면 그것은 쉬운 일입니다.

사랑하는 사람을 사랑하는 일은 누구나 할 수 있습니다. 그렇지만 내가 사랑할 수 없는 사람을 사랑하는 일은 무척 어렵습니다. 이것이 진짜 믿음입니다.

부부가 처음에는 사랑하여 결혼하지만 십 년, 이십 년이 지나면 꼭 말뚝과 말뚝을 세워놓은 것처럼 서로에 대해 무감각하게 됩니다. 그러나 상대방을 하나님이 짝 지어 주셨다고 생각하고 그 속에서 하나님과의 관계를 생각한다면 서로에 대한 사랑과 믿음을 다시 회복할 수 있을 것입니다. 하나님이 그렇게 명령하셨기 때문입니다. 그러므로 우리는 모든 성도를 사랑할 줄 알아야 합니다. 마음에 안 들어도 사랑하고, 스타일이 조금 달라도 사랑해야 합니다.

믿음의 교제가 주는 네 가지 유익

이런 사랑과 믿음이 중요하기 때문에, 바울은 성도들의 교제를 말할 때 그냥 교제만을 이야기하지 않습니다. 6절을 보십시오.

"이로써 네 믿음의 교제가 우리 가운데 있는 선을 알게 하고 그리스도께 이르도록 역사하느니라."

바울이 '교제'에 대해 언급할 때 그 단어 앞에 어떤 말이 수식하고 있습니까? 바로 '믿음'입니다. 성도들간에 이루어지는 교제는 '믿음의 교제'여야 합니다. 이런 교제는 여러 가지 유익이 있기 때문에 더욱 중요합니다. 어떤 유익이 있는지 살펴봅시다.

첫째, 믿음의 교제는 '우리 가운데 선을 알게 한다'(6절)고 했습니다. 다시 말해 우리 가운데 있는 선, 곧 하나님의 마음과 그분의 의도를 우리가 알게 된다는 의미입니다. 성도들간에 참된 믿음의 교제가 이루어지면 그것을 통해서 하나님의 마음과 뜻을 알 수 있게 됩니다.

둘째, '그리스도께 이르도록 역사한다'(6절)고 했습니다. 이것은 예수 그리스도를 중심으로 그분이 이 땅에 오신 목적을 인식하고, 그분과 더불어 사는 삶의 기쁨을 누리는 일을 이야기합니다.

셋째, '평안함'(7절)을 준다고 했습니다. 믿음의 교제 속에서 누리는 평안함이 있다는 뜻입니다.

넷째, '기쁨과 위로'(7절)를 얻는다고 했습니다. 성도들간에 서로 기쁨과 위로를 주고받게 된다는 의미입니다.

믿음의 교제에는 이 네 가지 유익이 반드시 따라야 합니다. 그래서 그리스도인들은 하나님이 주시는 은혜로 평안함과 기쁨과 위로를 누리는 사람들입니다. 물론 진정한 믿음의 교제를 통해서 말입니다.

믿음의 교제 속에는 평안과 기쁨과 위로가 뛰어논다

그렇다면 이런 교제의 유익은 하나님만 주실 수 있는 것입니까? 물론 하나님이 주시지만 인간 관계 속에서도 많은 유익함이 있다고 성경에 기록되어 있습니다. 빌레몬서 7절을 보십시오.

"형제여 성도들의 마음이 너로 말미암아 평안함을 얻었으니 내가 너의 사랑으로 많은 기쁨과 위로를 받았노라."

먼저 바울은 '너로 말미암아 평안함을 얻었으니'라고 이야기했습니다. 그는 예수 그리스도로 말미암아 평안함을 얻었다고 말한 뒤에 '너로 말미암아', 즉 빌레몬을 통해서도 평안함을 얻었다고 했습니다. 그리고 빌레몬서 7절 후반부에서는 '내가 너의 사랑으로 많은 기쁨과 위로를 받았노라'고 말했습니다.

그러므로 그리스도인들은 예수 그리스도로 말미암아 평안함과 기쁨과 위로를 얻지만, 서로의 관계 속에서도 평안함과 기쁨과 위로를 주고받아야 합니다. 이것은 진정한 믿음의 교제로 얻을 수 있는 그리스도인들의 특권이며 유익인 것입니다.

그런데 우리는 가끔 모든 평안과 기쁨과 위로는 하나님만이 주신다고 잘못 생각하며 자기 자신은 뒤로 빠져 버릴 때가 있습니다. '나는 죄인인데 나로부터 어떻게 평안을 얻겠는가? 내가 뭔가를 준다고 하면 그것은 교만일 뿐이지'라고 생각할 때가 많습니다. 이것은 성경을 반쪽만 아는 것입니다. 우리가 진정 예수 그리스도를 믿는 사람들이라면 자기 자신을 통해서 많은 사람들이 평안과 위로와 기쁨을 얻고 있는지 점검해야 합니다. 만일 그렇지 못한다면 우리는 온전한 믿음의 교제를 이루지 못하고 있는 것입니다.

분명한 목표를 향해 달려가는 그리스도인들의 교제

믿음의 교제를 통해서 평안과 기쁨과 위로를 주는 모습이 있다면 교회가 이 일을 감사해야 합니다. 그러나 이상한 점은 옆에서 시샘하는 사람들이 꼭 있다는 것입니다. 참 이상하지 않습니까? 만일 그런 아름다운 모습을 보고 시샘하는 이들이 많다면, 믿음의 교제가 정상적으로 이루어지고 있지 않은 것입니다. 적극적으로 뭔가를 하려는 자세는 소극적인 것보다 훨씬 좋습니다. 그래서 성도들간의 믿음의 교제는 좀 튀어도 괜찮습니다.

빌레몬서에서 사도 바울이 튀는 모습을 살펴보십시오. 바울은 빌레몬의 장점을 칭찬하면서 그와 함께 공동체 안에서의 믿음의 교제를 강조했습니다. 또한 그 중요성의 측면에서 오네시모를 용서하지 않을 수 없음을 드러냈습니다. 즉 계속해서 빌레몬에게 무언의 압력을 넣고 있었던 것입니다. 바울은 하나님 나라와 교회의 문맥 속에서 개인의 일을 처리해 나갔습니다. 교회는 믿음의 교제가 이루어지는 곳이고, 그런 맥락에서 바울은 빌레몬이 오네시모를 용서하는 것이 당연하고 마땅한 처사라고 설득했습니다.

이런 교제의 중요성을 인식한다면 성도들은 서로 아무 생각 없이 만나서는 안 됩니다. 별 의미 없는 형식적인 관계를 맺어서도 안 됩니다. 예를 들어 서로 악수할 때 고개는 뒤로하고 손만 내밀면 그것이 무슨 의미가 있겠습니까?

그리고 교회에서 하나의 프로그램의 일환으로 교제를 중요하게 여기는 것도 좋지 않습니다. 성도들간의 믿음의 교제는 하나님 나라의 바탕 위에서 진정한 하나님의 마음을 알게 하고 예수 그리스도의 장성한 분량까지 이르도록 역사하며, 서로에게 평안과 기쁨과 위로를 주기 위해 필요한 것입니다. 그러므로 성도들의 교제에는 분명한 목표가 있어야 합니다. 이 사실을 인식하고 교제권을 형성하는 것이 중요합니다.

또한 믿음의 교제 속에는 다음과 같은 모습이 나타나야 합니다.

첫째, 항상 하나님의 나라가 드러나야 합니다.

둘째, 그리스도인들의 삶의 목표가 늘 점검되어야 합니다.

셋째, 어떤 상황 속에서도 분명한 사상의 기초가 확립되어 있어야 합니다.

넷째, 서로간에 교제를 통해 영적인 성숙이 있어야 합니다.

바로 이것이 그리스도인들의 올바른 교제를 통해 나타나는 아름다운 모습입니다.

펄떡이는 아름다운 공동체

교회에서는 성도들이 역동적으로 연합하는 믿음의 교제가 많이 이루어져야 합니다. 그런데 그리스도인들도 인간이기 때문에 당연히 공통 분모가 많은 사람들끼리 끌리고 함께 모이고 싶어합니다. 그렇다면 이것도 믿음의 차원에서 잘 활용할 수 있습니다. 예를 들어 남자 성도들은 남자들끼리 통하는 것이 있고, 여자 성도들은 여자들끼리 통하는 것이 있을 것입니다. 그런 부분은 어쩔 수 없습니다. 본능적인 것이고 서로의 화제가 다르기 때문입니다. 자꾸 그 특성을 없애기 위해 애쓰지 말고 살려 주어야 합니다. 즉 공통 분모를 활용해 믿음의 교제권을 형성하도록 도와주어야 합니다.

그러기 위해서는 교회의 모임을 단순히 프로그램 중심으로 만들지 말고 자율적으로 아름답게 만들어야 합니다. 주일에 한 번 모여 예배만 드릴 것이 아니라 주중에라도 전화하고 만나십시오. 처음 교회에 나오는 사람이 있으면 관심을 가지고 전화도 하고,

또 교회에 나오지 않는 사람이 있다면 주일 예배 설교를 녹음한 테이프나 주보만 보낼 것이 아니라 교인들이 전화를 해야 합니다. 이것은 바로 그 사람에게 관심이 있다는 사실을 구체적으로 보여 주는 행동입니다.

또한 전화만 하는 것이 아니라 왜 빠졌는지 궁금해하고 관심을 가지며 격려도 해 주어야 합니다. 사람들마다 각자 처한 상황이 다릅니다. 어떤 사람은 집안에 문제가 있을 수도 있고, 어떤 사람은 좋은 일이 있을 수도 있습니다. 모든 성도들이 슬플 때 같이 슬퍼해 주고, 기쁠 때 같이 기뻐해 주는 것이 진정한 교제의 모습입니다.

함께 연합하는 믿음의 교제를 통해서 기도하고, 말씀을 나누며, 봉사하는 성도들의 모습이 이 세상에 드러납니다. 그러면 이런 교제의 모습이 지속적으로 잘 이루어지기 위해서는 어떻게 해야 합니까?

첫째, 각자의 은사를 나누어 주십시오. 우리 각자는 한 가지라도 잘하는 일이 있습니다. 어떤 사람은 찬양을 잘해서 함께 찬양하며 그 은사를 나눌 수 있고, 어떤 사람은 요리를 잘해서 함께 음식을 만들어 먹으며 모임에 활력을 불어넣을 수 있습니다. 만일 의사라면 의학적 지식으로 다른 사람이 아플 때 도울 수 있고, 건축에 관련된 일을 하면 그것에 대해 알려 줄 수 있고, 컴퓨터에 재능이 있으면 그 지식을 공유할 수 있습니다.

이런 일들은 신앙과 관계없는 것이 아닙니다. 생활 속에 있는 은사들을 자연스럽게 나누면서 하나님 나라를 함께 이루어 가는 것입니다. 그러므로 은사를 받으려고만 하지 말고 서로 나눠 주는 적극적인 자세가 필요합니다.

둘째, 실제적인 도움을 주십시오. 우리들이 잘못 알고 있는 것이 있습니다. 어떤 사람이 찾아와서 돈이 없다고 말하면, 돈이 생기게 해 달라고 기도해 주면 된다고 생각합니다. 하지만 내가 기도해 주는 사람으로만 존재하지 않고 그의 기도의 응답이 나를 통해 이루어질 수도 있습니다. 돈이 필요한 사람에게 내가 돈을 준다면 그 기도의 응답이 나로 인해 실현된 것입니다. 그런데 실제적으로 도움을 주는 일은 생각해 보지도 않고 돈 안 드는 기도만 해 준다고 합니다. 앞으로는 기도해 준다는 말도 조심해서 사용해야 할 것 같습니다.

실제적인 도움을 줄 수 없다면 차라리 그 자리에서 바로 기도하십시오. 그것이 약속을 잘 지키는 방법이 될 것입니다. 다시 말해 관심을 가지고 상대방의 마음을 알아주고 걱정해 주는 실제적인 움직임이 있어야 합니다. 그리고 주는 것에 너무 인색하지 마십시오.

격려도 필요합니다. 그러나 진정한 교제는 격려만 있는 것이 아닙니다. 때에 따라서 충고해야 할 때도 있습니다. 이를 위해서는 자기 희생도 감수해야 합니다. 교제를 교회의 부수적인 요소라고 생각지 말고 자기를 희생하여 바쁘지만 시간도 내야 합니다.

셋째, 교회에 있는 기능을 최대한 활용하십시오. 예를 들어 교회 홈페이지가 있다면 글도 써서 올리고, 서로에게 이메일도 보내고, 직접 편지도 써서 보내십시오.

믿음의 교제를 위해 이렇게 움직여라

이런 믿음의 교제를 나누기 위해 필요한 그리스도인의 자세는 다음과 같습니다.

첫째, 성도들간의 원만한 교제를 위해서는 그 중요성을 인식하고 항상 자기 자신을 점검해야 합니다. 내가 어떤 자세로 상대방과 교제하길 원하는가, 상대방을 진정으로 사랑하고 있는가, 또 믿음의 차원에서 교제하고 있는가를 항상 생각해야 합니다.

둘째, 이 교제가 예외적인 일이 아니라 원칙적인 것으로 생각될 수 있는 분위기가 형성되도록 힘써야 합니다. 즉 기독교 신앙에 있어서 중요한 원칙의 하나임을 생각하고 진정한 교회의 모습을 이루기 위해서는 교제가 반드시 필요하다는 사실을 인식해야 합니다. 그렇기 때문에 그리스도인들의 헌신이 요구됩니다.

셋째, 교제를 방해하는 명백한 걸림돌을 피해야 합니다. 뿐만 아니라 교제에 방해가 되는 요소들은 당연히 제거해야 합니다. 왜냐하면 교제에는 희생이 따르기 때문입니다. 그리스도인의 교제는 남은 시간을 이용하거나 시간이 없으면 안 해도 되는 부차적인 것이 아닙니다. 우리는 하나님 나라를 위해 우리 삶의 모든 시간과 영역에서 진정으로 성도들을 사랑해야 합니다. 또 그리스도인이 하나님 나라의 백성으로 더 성숙하기 위해서는 의식적으로 시간을 내서라도 그런 교제의 시간을 가져야 합니다.

사도 바울이 얼마나 바빴겠습니까? 갇혀 있었는데 무엇이 바빴겠느냐고 생각할 수도 있지만 그는 정말 감옥에서도 바빴습니다. 편지 보내랴, 주 안에서 한 형제 된 지체들을 챙기랴, 전도하랴 무척 열심이었습니다. 실제로 감옥에 갇힌 사람이 그런 일을 감당하는 것은 결코 쉽지 않습니다. 하지만 바울은 감옥 생활도 복음의 도구로 쓸 만큼 교제의 의미를 정확하게 알고 있었고, 그런 까닭에 빌레몬에게도 오네시모를 용서하라고 편지를 썼던 것입니다.

이런 믿음의 교제는 분명히 필요합니다. 이를 통해 우리 안에 있는 선을 알고, 예수 그리스도 중심의 삶을 살며, 서로가 평안함과 기쁨과 위로를 주고받을 수 있다면 우리의 몸 된 교회는 더 아름다운 모습으로 자랄 것입니다. 예배나 전도, 가르침과 배움만 있는 것이 아니라 섬김과 나눔이 우리와 함께한다면 교회는 더욱 더 은혜로워지지 않겠습니까!

3장 사랑으로 거두는 용서의 열매

이러므로 내가 그리스도 안에서 아주 담대하게 네게 마땅한 일로 명할 수도 있으나 도리어 사랑으로써 간구하노라 나이가 많은 나 바울은 지금 또 예수 그리스도를 위하여 갇힌 자 되어 갇힌 중에서 낳은 아들 오네시모를 위하여 네게 간구하노라 그가 전에는 네게 무익하였으나 이제는 나와 네게 유익하므로 네게 그를 돌려보내노니 그는 내 심복이라(몬 8~12).

이 시대의 '빌레몬'에게 보내는 체계적인 메시지

바울의 글을 읽을 때마다 놀라게 되는 부분이 있습니다. 바로 논리가 정연하다는 것입니다. 논리가 진행되는 과정을 살펴보다 보면 저절로 감탄사가 흘러나옵니다. 요즘으로 말하면 논술 시험에서 최고 점수를 받을 수 있을 것입니다. 그러므로 바울 서신을 읽을 때 그 논리 구조를 잘 이해하지 못하면 많은 부분을 놓칠 수 있습니다. 바울 서신의 핵심을 파악하려면 그의 논리가 어떻게 진행되는지 잘 관찰해야 합니다.

빌레몬서도 다른 바울 서신들처럼 논리 정연하게 구성되어 있습니다. 바울의 논리는 큰 것에서부터 작은 것으로 점점 축소되면서도 그 깊이가 더해 갑니다.

예를 들어 텔레비전 광고로 한무리 교회를 소개한다고 합시다. 그때 한무리 교회를 바로 보여 주는 것이 아니라 처음에는 지구를 보여 주고 더 가까이 접근해서 대한민국을 보여 줍니다. 다음에 서울이 나오고, 노원구가 나오고, 상계동이 나오고, 풍전빌딩이 나오고, 한무리 교회가 나옵니다. 아마 그런 유사한 광고를 본 적이 있을 것입니다.

마찬가지로 빌레몬서의 구조도 큰 것에서부터 작은 것으로 집중해 나갑니다. 먼저 교회의 문제, 다음에 성도들의 교제의 문제를 살펴보았습니다. 그리고 본문의 내용으로 이어집니다.

개인적인 관계에서 교회 공동체의 교제로

빌레몬서 8절에 기록된 단어를 주의 깊게 살펴보십시오.

"이러므로 내가 그리스도 안에서 아주 담대하게 네게 마땅한 일로 명할 수도 있으나."

처음에 나오는 단어가 '이러므로'입니다. 이것은 결코 가벼운 말이 아닙니다. 앞의 내용을 전제로 하여 본문을 이해하도록 유도하고, 새로운 흐름을 연결해 주는 단어입니다.

1장과 2장을 통해 다룬 내용은 다음과 같습니다.

첫째, 이 서신은 빌레몬이라는 한 개인에게 전달하는 편지이지만 교회의 관점에서 개인의 용서와 화합의 문제를 다루고 있습니다. 즉 빌레몬서는 사적인 편지이기는 하지만 교회를 염두에 두고 씌어진 것입니다. 하나님 나라의 관점에서 교회를 생각하고, 교회의 관점에서 개인의 관계를 다룬 것이 바로 빌레몬서입니다.

둘째, 바울은 교회의 관점에서 교제의 중요성으로 그 범위를 좁혀 가면서 교제의 문제를 이야기했습니다. 교회 안에서 이루어지는 성도들간의 관계, 즉 교제의 중요성을 믿음의 교제라는 측면에서 다뤘습니다. 이 믿음의 교제는 사랑과 믿음에 근거해야 합니다. 다시 말해 바울은 교회의 큰 맥락에서 교제의 중요성을 인식시켰습니다.

바울은 무슨 이야기를 하든지 아무 생각 없이 하지 않았습니다. 어떤 원리와 원칙과 사상을 전제로 해서 사건을 풀어 나갔습니다. 빌레몬서도 마찬가지입니다.

8절의 첫 단어인 '이러므로'의 뒤를 살펴보십시오. 곧바로 용서의 문제가 등장합니다. 그러나 그냥 용서하라는 것이 아니라 어떤 전제를 가지고 '~하기 때문에' 용서해야 한다고 이야기했습니다. 그것은 그가 어떤 말을 할 때마다 어떤 사상을 미리 전제하고 이야기했다는 뜻입니다.

즉 사도 바울은 생각하는 사람이었습니다. 무슨 일을 하든지 항상 깊이 생각한 뒤에 일을 처리했습니다. 그는 하나의 생각을 무작정 나열하는 것이 아니라 하나님 나라와 복음의 원리를 생각하면서 그 안에서 주어진 문제들을 풀어 가는 사람이었습니다.

영적인 기초 위에서 생각하라

생각이 없으면 죽은 것과 마찬가지입니다. 그리고 생각이 없는 사람은 표류하는 배와 같습니다. 자신의 생각 없이 표류하다 보면 항상 다른 사람의 생각이나 행동에 의지하게 되고 결국 이리저리 치이는 꼴이 됩니다. 또 나중에는 자신이 어떤 존재인지, 무슨 생각을 하며 살아가는지, 심지어 왜 사는지조차 모른 채 살아갑니다. 그러다 보면 마음이 불안해지고 두려움에 휩싸이게 되며 아무도 믿을 수 없게 됩니다.

결국 모든 사람들을 나를 유혹하고 망치는 사람으로 생각하게 되고 누가 무슨 말을 해도 그 말을 믿어야 할지 말아야 할지, 또 그 말이 옳은지 그른지 고민하게 됩니다. 어떤 말이 그럴 듯하면 감정적으로 따르다가도, 아니다 싶으면 금방 실망하곤 합니다. 그래서 걱정과 근심이 쌓이게 되고 대인 기피증에 걸리게 되며 항상 배타적인 사람이 됩니다. 세상 자체를 불신하게 되는 것입니다.

그렇기 때문에 사람은 항상 생각을 하며 살아야 합니다. 생각하며 살아가지 않는다면 사람은 금세 흐트러져 버릴 것입니다. 그러나 중요한 것은 그 생각이 어떤 것이냐 하는 점입니다. 무조건 생각만 한다고 좋은 것은 아닙니다. 바른 생각을 해야 합니다. 그래서 아브라함 링컨은 "나이 사십이면 자기 얼굴에 책임을 져야 한다"고 이야기했습니다.

어느 날 링컨에게 한 사람을 참모로 써 달라고 추천이 들어왔습니다. 그러나 링컨은 그 사람의 얼굴을 딱 한 번 바라보고 거절했습니다. 화가 난 그 사람이 어떻게 인터뷰 한 번 하지 않고 얼굴만 보고 거절할 수 있느냐고 물었습니다. 그때 링컨은 이 유명한 말을 했다고 합니다.

사람이 항상 반항하고 우울하며 배타적인 삶을 살아가다 보면 얼굴에 수심과 근심이 쌓이게 되고 그것이 제 모습으로 자리잡게 됩니다. 그러나 즐겁고 기쁘고 명랑하고 낙천적인 사람은 그런 상태가 얼굴에 그려지게 됩니다. 사람의 나이가 사십쯤 되면 그런 삶의 모습이 자리잡아 얼굴에 그대로 나타나는 것입니다.

어떤 화가가 천사를 그리는데 한 사람을 모델로 해서 그렸다고 합니다. 그 뒤 오랜 시간이 지나서 화가가 마귀를 그리는데 모델이 바로 예전에 천사 모델이었던 그 사람이었다고 합니다. 놀랍지 않습니까? 그런데 이것이 실감이 날 때가 있었습니다.

제가 얼마 전에 어떻게 연락이 닿아 십 년 만에 어떤 사람을 만났습니다. 그는 비교적 큰 개인 사업을 하고 있었습니다. 그런데 그 얼굴이 예전과는 너무 다르게 변해서 깜짝 놀랐습니다. 옛날에는 참 인자하고 얼굴에는 항상 웃음이 있어 하나님의 백성다웠는데, 그런 모습은 다 사라진 채 인상이 많이 일그러졌고 대화를 해도 말이 통하지 않았습니다. 이미 교회와는 멀어져 있었고 단지 세상에서 최고로 유명해지고 재벌이 되어야겠다는 생각만 하고 있었습니다. 그의 모습을 보고 돌아오는 제 마음이 얼마나 무거웠는지 모릅니다. 세상 물결에 휩쓸려 그저 돈 벌기 위해 발버둥치고 그 속에 깊이 매몰돼 있는 그의 모습이 참 안타까웠고, 그 일그러진 얼굴도 마음을 아프게 했습니다. 저절로 '사람이 이렇게 변할 수도 있구나!' 하는 생각이 들었습니다. 그리고 제가 하나님을 알고 하나님 나라의 가치관을 가지고 살아가는 것에 참 감사함을 느꼈습니다.

정말로 우리는 바른 생각을 가지고 살아가야 합니다. 바른 생각이란 영적인 기초 위에서 이루어지는 것입니다. 아무 생각 없이 교회에 와서 예배드리고 기도하고 봉사하는 것이 아니라 지금 내가 예배드리고 기도하고 봉사하는 이유가 무엇인지, 왜 이 자리에 있는지 깊이 생각해야 합니다.

산상 수훈을 보면 아무 생각 없이 염려하고 좌절에 빠진 사람들에게 예수님께서 이렇게 말씀하셨습니다.

"공중의 새를 보라 심지도 않고 거두지도 않고 창고에 모아들이지도 아니하되 너희 하늘 아버지께서 기르시나니 너희는 이것들보다 귀하지 아니하냐 너희 중에 누가 염려함으로 그 키를 한 자라도 더할 수 있겠느냐 또 너희가 어찌 의복을 위하여 염려하느냐 들의 백합화가 어떻게 자라는가 생각하여 보라 수고도 아니하고 길쌈도 아니하느니라 그러나 내가 너희에게 말하노니 솔로몬의 모든 영광으로도 입은 것이 이 꽃 하나만 같지 못하였느니라 오늘 있다가 내일 아궁이에 던져지는 들풀도 하나님이 이렇게 입히시거든 하물며 너희일까 보냐 믿음이 작은 자들아 그러므로 염려하여 이르기를 무엇을 먹을까 무엇을 마실까 무엇을 입을까 하지 말라"(마 6:26~31).

그때는 꽃이 지면 말려서 함께 불에 태워 빵을 구웠습니다. 아름다운 꽃의 향기가 자연스럽게 빵에 배었기 때문입니다. 이처럼 백합화도 향을 발하기에 연료로 사용되었습니다. 연료로 쓰인다는 사실은 그것이 아주 임시적인 존재임을 말해 줍니다. 그러나 그런 존재일지라도 하나님께서는 아름답게 꾸며 주십니다. 하물며 영원한 하나님 나라의 백성인 우리를 하나님께서는 더욱 사랑하고 계시지 않겠습니까? 공중을 나는 새와 들에 핀 백합화를 바라보면 그 내막을 알 수 있습니다. 즉 하나님의 마음을 엿볼 수 있을 것입니다. 그러나 생각이 없는 사람은 자신의 주변에서 일어나는 일을 보면서 항상 좌절하게 됩니다. 하나님의 깊은 사랑과 의도를 모르기 때문입니다.

사도 바울은 바로 이런 사상을 가지고 있었습니다. 그가 '이러므로'(8절)라고 하며 사건을 전개하는 모습 속에서 우리는 그 사실을 알 수 있습니다. 또한 바울은 사상에 기초하여 행동하는 사람이었습니다. 오네시모를 그냥 '용서하라'고 하지 않았습니다. 왜 용서해야 하는지를 논리적으로 밝혔습니다. 다시 말해 기계적인 논리 전개가 아니라 교회와 교제라는 큰 사상 안에서 용서의 타당성을 이야기했습니다.

그런 차원에서 바울이 빌레몬에게 오네시모를 용서하라는 말은 그저 한번 해보는 소리가 아니었습니다. 하나님 나라의 원리와 가치관으로 바라볼 때 너무나 당연한 일이었습니다. 그렇기 때문에 사도 바울은 담대히 부르짖을 수 있었습니다.

복음의 눈으로 바라보며 담대하라

다시 빌레몬서 8절의 내용을 살펴보십시오.

"내가 그리스도 안에서 아주 담대하게 네게 마땅한 일로 명할 수도 있으나."

사도 바울은 빌레몬이 오네시모를 용서하는 문제를 '담대하게 마땅한 일로 명할 수 있다'고 이야기했습니다. 어떤 맥락에서 그럴 수 있습니까? 교회와 교제의 원리에 근거해 볼 때 빌레몬은 오네시모를 당연히 용서해야 합니다. 하나님 나라는 용서의 개념에서 이루어졌습니다. 교회가 그런 곳이고, 믿음의 교제도 용서를 전제로 하는 것입니다. 따라서 바울은 자신 있게 오네시모를 용서하라고 말할 수 있었습니다.

이것은 바울뿐만 아니라 교회에 속한 모든 사람들에게 해당됩니다. 물론 '그리스도 안에서'(8절) 말입니다. 그래서 담대할 수 있습니다. 또한 마땅하고 정당한 일이기에 명령할 수 있습니다.

그리스도인들에게 기도하라는 이야기는 목회자만 할 수 있는 말이 아닙니다. 기도하는 것은 신앙인의 기본적인 삶의 자세이기 때문에 어린아이라도 그렇게 말할 수 있습니다. 그리고 신앙인이라면 그 말에 순종해야 합니다. 왜냐하면 그 말은 하나님의 관점에서 볼 때 올바른 사상이고 원리이기 때문입니다.

"성경 공부를 하십시오", "봉사를 하십시오", "이웃을 사랑하십시오", "구제를 하십시오", "전도를 하십시오", "선교를 하십시오"와 같은 이야기들을 거부할 수 있습니까? 이것은 그리스도인이라면 누구나 들어야 하는 명령이고, 누구나 말할 수 있는 사실입니다. 교회와 믿음의 교제 차원에서 너무나 당연한 말이기 때문입니다.

말씀대로 살아가는 그리스도인이라면 자신의 입장을 분명하게 말할 수 있어야 합니다. 교회가 잘못된 일을 하고 있는데도 말하지 않거나 문제를 제기하지 않는 게 미덕이라고 생각한다면 그것은 반쪽만 아는 것입니다. 신앙인은 분명한 사실에 대해서는 자기 목소리를 낼 수 있어야 합니다. 다른 사람들이 다 부정해도 그것이 성경의 관점에서 옳고 하나님의 관점에서 바른 것이라면 누구든지 할 말은 해야 합니다.

교회의 주체는 하나님이십니다. 그러므로 교회 스스로가 하나님 앞에서 성숙해야 하고 말씀 위에 바로 서 있어야 합니다. 경건의 시간을 갖고, 기도를 하는 이유가 무엇입니까? 바로 성경 말씀에 근거한 하나님의 울타리 안에서 살아가기 위해서입니다.

사랑의 피가 도는 살아 있는 정의

그리스도인들은 할 말을 분명히 해야 합니다. 그런데 어떤 사람들은 사실 자체만 생각하는 경향이 있습니다. 즉 자신이 정당하기 때문에 이야기한다고 합니다. 특히 정의감에 불타고 개혁주의 성향을 가진 사람들을 보면 항상 자신이 정당하기 때문에 말한다는 선에서 끝나는 경우가 많습니다. 그러나 할 말을 다 하는 것도 중요하지만 그것이 전부는 아닙니다. 성경은 거기에 머무르지 않고 그 이상을 이야기합니다.

빌레몬서 9절을 보십시오.

"도리어 사랑으로써 간구하노라 나이가 많은 나 바울은 지금 또 예수 그리스도를 위하여 갇힌 자 되어."

여기에 나오는 '사랑으로써'라는 단어가 마음에 다가오지 않습니까? 부모는 학교에 다니는 자녀들이 공부하지 않으면 왜 공부하지 않느냐고 말할 수 있습니다. 학생은 공부하는 게 당연하기에 그렇게 말할 수 있는 것입니다. 어떤 어머니들은 "왜 공부를 안 하느냐? 왜 손발은 안 씻느냐? 왜 밥을 안 먹느냐?"라고 하며 아이들을 달달 볶기도 합니다. 그 말 자체는 맞습니다. 너무 당연한 것을 주장하기 때문입니다. 그러나 그것이 전부는 아닙니다. 거기에는 사랑이 필요합니다. 물론 어머니들이 사랑 없이 그런 말을 하는 것은 아니지만 사랑의 방법으로 자녀들을 대해야 합니다.

운동 경기를 가장 잘하는 사람이 누구입니까? 감독이나 선수보다 더 잘하는 사람이 바로 방송 해설자입니다. 해설자는 이래서는 안 되고 저렇게 하면 된다고 합니다. 그 말대로 하면 분명히 이길 것 같습니다. 장기나 바둑을 둘 때도 가장 잘하는 사람은 옆에서 훈수를 두는 사람입니다. 그러나 해설자나 훈수 두는 사람이 실전에 임한다면 그들이 말한 것처럼 큰 성과를 거두기는 힘듭니다. 왜냐하면 십중팔구 이론으로 끝나는 경우가 많기 때문입니다.

사실 우리가 어떤 정당성을 주장할 때 그것을 이론으로는 잘 알고 있습니다. 성경 말씀에 기초해서 어떤 문제가 '옳다' 혹은 '그르다'라고 말하거나, '기도를 해야 한다' 혹은 '이렇게 사는 것은 좋지 않다'는 식으로 얼마든지 이야기할 수 있습니다. 그러나 스스로 그렇게 살기란 쉽지 않습니다.

왜 그렇습니까? 그 속에는 말만 무성하기 때문입니다. 우리의 영적인 부분에는 그런 말만 있는 것이 아니라 사랑이 필요합니다. 즉 그 속에 사랑이 자리잡고 있어야 합니다.

정의감이나 정당성에 근거해 할 말을 다 하는 것은 매우 중요합니다. 그렇게 하지 못하는 것이 오히려 비겁한 일입니다. 하지만 생각이 여기에 멈춰서는 안 됩니다. 그것은 성경 말씀을 반쪽만 이해한 것입니다.

그러므로 정의감이나 정당성도 분명히 사랑에 기초해야 합니다. 사랑이 없는 정의감이나 정당성은 분노나 증오의 선에서 그칠 때가 많습니다. 그러나 사랑에 기초한 정의감과 정당성은 항상 그 근본적인 목표를 생각하게 만듭니다.

부모가 자녀들에게 공부하라고 야단칠 때 아이들이 공부하기는커녕 스트레스를 받고 빗나간다면 부모가 바라던 일과는 반대로 역효과가 난 것입니다. 우리는 공부하는 것, 그 자체가 목적이 아니라는 사실을 깨달아야 합니다. 이런 모습이 사랑에 기초해 있지 않다면 자녀들을 향한 부모들의 이야기는 항상 기계적인 외침에 머물 뿐입니다.

아무리 옳은 것이라도 결과에 대한 책임을 생각해야 합니다. 그런데 책임은 사랑과 연계됩니다. 사랑은 단순한 감정이 아닙니다. 사랑에도 목표와 사상이 있습니다. 다시 말해 '선을 알게 하고 그리스도께 이르도록 역사하는'(6절) 것입니다. 우리의 정당성은 예수 그리스도의 사랑에 기초해야 하기 때문입니다. 그 사랑은 그리스도를 알게 하고 그리스도와 더불어 사는 기쁨을 최고로 드러나게 합니다. 내가 좋으니까 하는 사랑은 누구나 할 수 있습니다. 따라서 진정한 사랑은 그것이 지향하는 최고의 목표를 생각하는 것입니다.

사랑은 하고 싶은 말을 다 하는 것이 아닙니다. 정의감만을 가지고 자기의 감정을 모두 드러내는 것도 아닙니다. 침묵해야 할 때도 있고, 피해야 할 때도 있고, 알면서도 모른 체해야 할 때도 있습니다. 왜냐하면 사랑은 결국 가장 큰 목표를 생각하는 것이기 때문입니다.

로마서에서 바울은 자기 자신이 화를 입을지언정 이스라엘이 구원받길 바라는 마음을 피력했습니다. 이 얼마나 무서운 말입니까? 그는 내가 저주를 받을지라도 다른 사람들이 구원을 얻을 수 있다면 괜찮다고 말했습니다. 분명한 목표를 생각했기 때문에, 영혼에 대한 사랑이 있었기 때문에 가능한 일이었습니다.

그렇다면 빌레몬서의 목표는 무엇입니까? 바로 용서입니다. 용서하는 것은 분명한 성경적인 원리입니다. 그러나 사도 바울은 성경적인 원리라고 해서 막무가내로 용서하라고 호령하거나 용서하지 않는다고 탓하지 않았습니다. 이 일을 이루기 위해서 어떻게 하면 빌레몬이 오네시모를 용서할 수 있을지 생각하고 사랑의 방법을 사용했습니다. 그는 용서의 정당성을 잘 알고 있었고 그것을 담대하게 말할 수 있었습니다. 하지만 사랑이 지향하는 근본적인 목표를 알고 있었기 때문에 사랑의 관점을 가지고 접근했습니다.

성도의 교제에는 언제나 사랑이 리더

빌레몬서 8~9절을 다시 보십시오.

"이러므로 내가 그리스도 안에서 아주 담대하게 네게 마땅한 일로 명할 수도 있으나 도리어 사랑으로써 간구하노라 나이가 많은 나 바울은 지금 또 예수 그리스도를 위하여 갇힌 자 되어."

먼저 8절에서는 '이러므로'라는 단어가 나옵니다. 이 말은 앞의 내용에 근거해 그 다음에 말하는 것이 당연하다는 논리를 담고 있습니다. 그러나 9절에서는 '도리어'라는 단어가 처음에 등장합니다. 이것은 바울이 할 말을 다할 수 있지만 다른 쪽으로 접근하기에 나타난 결과입니다. 즉 사랑의 방법으로 다가가기에 '이러므로'가 아닌 '도리어'라고 이야기하는 것입니다.

그리고 사도 바울이 8절에서 '명할 수도 있으나'라고 말하는 이유는 그것이 당연하기 때문입니다. 하지만 9절에서는 '간구하노니'라고 말합니다. 8절이 호령조라고 한다면, 9절은 상당히 저자세의 내용입니다. 왜냐하면 그는 사랑으로 인하여 그렇게 행동했습니다.

때에 따라서는 지는 것이 이기는 것임을 명심해야 합니다. 사도 바울은 빌레몬에게 명령할 수 있는 입장이었습니다. 그러나 그렇게 하지 않았습니다. 도리어 사랑으로 간구했습니다(9절).

사람들은 대개 자존심이 강해서 항상 이기려고 합니다. 외형적으로 나타나는 현상으로 모든 것을 평가할 때가 많기 때문입니다. 자녀들이 족집게처럼 잘 찍는 기술을 가지고 시험에서 일등을 한다고 해서 무슨 큰 의미가 있겠습니까? 공부의 본질을 이해하는 일이 중요한 것처럼 그리스도인들은 항상 기독교 신앙의 근본적인 의도를 마음속에 간직하는 것이 중요합니다. 그렇기 때문에 사람들과의 관계 속에서 외형적으로는 질 수도 있습니다. 자존심이 중요한 것이 아닙니다. 자신의 모습이 드러나고 자신을 알아줘야 직성이 풀린다면, 그것은 영적으로 가장 저급한 수준에 있는 것입니다. 자신이 사회적으로 부각되는 것은 사실 별로 중요하지 않습니다. 정말 중요한 것은 자신을 통해 하나님 나라가 드러나도록 하는 일입니다.

당시 바울은 위대한 사도였고, 빌레몬은 그에게 기독교 신앙을 배웠으며 예수 그리스도의 모습을 닮아가려는 사람이었습니다. 그래서 바울은 그저 "빌레몬아, 용서하거라" 하고 말할 수 있었지만 그렇게 하지 않았습니다. 오히려 사랑으로써 '이러므로'(8절)를 '도리어'(9절)로 바꾸었고, '명할 수도 있으나'(8절)를 '간구하노라'(9절)로 교체했습니다. 어떻게 보면 한 번 봐 주라고 간곡히 부탁하는 모습을 보였습니다.

진정한 용서는 진정한 사랑에서 출발한다

그런데 바울의 태도는 그 정도에서 끝나지 않았습니다. 약간은 유치할 정도로 아부하는 듯한 분위기를 자아냈습니다. 오네시모를 용서하겠다는 약속을 받아내기 위해서 바울이 빌레몬에게 어떻게 말하는지 살펴보십시오.

"나이가 많은 나 바울은 지금 또 예수 그리스도를 위하여 갇힌 자 되어 갇힌 중에서 낳은 아들 오네시모를 위하여 네게 간구하노라"(9~10절).

첫째, 사도 바울은 자신이 나이가 많다는 것을 강조했습니다. 사실 그는 자주 나이를 따지는 사람이 아니었습니다. 사람들을 만날 때마다 '어느 교단에 속하느냐', '몇 살이냐', '어느 학교를 나왔느냐'라고 하면서 학연과 지연을 따지는 모습을 성경에서 본 적이 없습니다. 그런데 '나이가 많은 나 바울은'(9절)이라고 이야기했습니다. 그것도 빌레몬이 이미 사도 바울에 대해 알 만큼 아는 시점에서 말입니다.

둘째, 바울은 자신이 감옥에 갇혀 있는 상태를 이야기했습니다. 그냥 감옥에 갇힌 것이 아니라 '지금 또'(9절) 감옥에 갇혔다고 했습니다. 예전에도 갇혔고 지금 또 갇혔다고 반복해서 언급했습니다. 그리고 자신의 잘못이 아니라 '예수 그리스도를 위하여 갇힌 자'(9절)가 되었다고 했습니다.

셋째, 바울은 오네시모를 영적 아들이라고 표현했습니다. 오네시모는 빌레몬의 종이었습니다. 그러나 사도 바울은 그를 '갇힌 중에서 낳은 아들'(10절)이라고 했습니다.

넷째, 그는 오네시모를 위해서 간절히 부탁했습니다. 다시 말해 빌레몬에게 용서하라고 명령하는 것이 아니라 오히려 '네게 간구하노라'(10절)라고 표현했습니다.

사도 바울은 용서가 사랑 안에서 이루어지게 하기 위해 자신이 할 수 있는 모든 방법을 총동원했습니다. 그 속에는 겸비와 겸손이 있었고, 자기의 어려움을 복음의 도구로 사용할 수 있는 위대한 믿음이 응축되어 있었습니다.

만일 당신이 가난하고 어려운 환경에 놓이게 되었다면 어떻게 하시겠습니까? 일반적으로 많은 사람들이 어렵고 나쁜 환경에 처하게 되면 그 상황을 탈피하려고 무척 애씁니다. 하지만 사도 바울은 그 힘든 상황을 복음의 도구로 사용했습니다. 심지어 자신의 나이까지도 복음의 도구로 쓸 수 있었습니다. 나이가 많다는 이유만으로 다른 사람들이 예수 그리스도를 아는 계기가 된다면 나이를 자랑하십시오. 어리다는 사실만으로 "저같이 어린 사람도 할 수 있는데 왜 못하십니까?"라고 이웃들에게 좋은 동기를 부여할 수 있다면 그렇게 하십시오. 진정한 용서를 이루는 일은 기술만 가지고 되지 않습니다. 그 속에 진정한 사랑이 넘쳐야 가능합니다.

거름이 되어 거둔 사랑의 열매

사도 바울이 가진 사랑의 크기는 어느 정도입니까? 그것은 빌레몬서 11절에 잘 기록되어 있습니다.

"그가 전에는 네게 무익하였으나 이제는 나와 네게 유익하므로."

여기에는 큰 사랑이 내포되어 있습니다. 바울은 '전에는' 오네시모가 빌레몬에게 '무익'했다고 이야기합니다. 왜냐하면 그가 도망쳤기 때문입니다. 하지만 바울은 '이제는' 오네시모가 '유익'하다고 말했습니다.

이제 오네시모는 바울과 빌레몬에게 모두 유익한 사람입니다. 성경 말씀을 자세히 살펴보면 유익하다고 할 때는 바울과 빌레몬을 다 말했습니다. 그러나 무익하다고 말할 때는 빌레몬에게만 적용시켰습니다. 다시 말해 사도 바울에게는 무익하지 않다는 의미입니다.

왜 그렇습니까? 주인이었던 빌레몬과 종이었던 오네시모의 관계 속에서는 그가 도망쳤기 때문에 무익할 수밖에 없었습니다. 하지만 바울은 그런 인간 관계로만 유익과 무익을 따지지 않았습니다. 비록 도둑질을 하고 도망쳤다고 하더라도, 사회로부터 지탄을 받고 사람들에게 비난받을 만한 행동을 하더라도, 모든 사람들은 예수 그리스도의 복음 안에서 용서를 받을 수 있습니다. 또한 자비를 얻을 수 있으며 사랑을 받을 수 있습니다. 그렇기 때문에 사도 바울에게서 모든 사람들은 무익하지 않고 다 유익한 것입니다.

사랑의 씨앗은 무익한 것이 하나도 없습니다. 사랑은 또 다른 사랑이란 열매를 맺게 하기 때문입니다.

술주정뱅이, 마약중독자, 세상의 쓰레기로 여겨지는 사람이라 할지라도 하나님의 관점에서 우리 모두는 사랑의 대상이 됩니다. 그러나 하나님만 그들을 사랑할 것이 아니라 예수 그리스도를 믿는 성도들이라면 하나님의 사랑 때문에 모든 사람들을 사랑할 수 있어야 합니다. 그래서 사도 바울은 스스로 복음에 빚진 자라고 말했습니다.

그리스도인들에게는 무익한 사람은 한 사람도 존재하지 않습니다. 나를 해하는 사람이라도 우리에게 결코 무익한 존재가 아닙니다. 그가 하나님과 예수 그리스도를 모른다면 우리는 그 사람이 예수 그리스도를 알도록 유익한 길로 이끌어야 합니다. 그 사랑의 깊이와 넓이는 엄청난 것입니다. 그래서 사도 바울은 무익하다는 말을 자기에게는 적용해서 쓰지 않았습니다. 모든 사람들이 그에게 유익했고 사랑의 대상이었기 때문입니다. 이 얼마나 놀라운 사랑입니까!

만일 누군가를 미워하고 계십니까? 현재 나를 괴롭히는 사람이 있습니까? 어떤 경우는 자식이나 남편을 원수라고 말하기도 합니다. 하지만 믿음의 관점에서 바라보십시오. 하나님이 나에게 어떤 소명을 주셨는지 살피십시오. 사도 바울의 위대한 사랑이 여기에 있습니다. 이런 사랑에 근거하여 그는 빌레몬에게 오네시모를 용서하라고 간곡히 설득했던 것입니다.

진정한 사랑은 아픔을 감수한다

그런데 사랑이 항상 좋고 편안하며 만족스러운 결과를 제공하는 것은 아닙니다. 때때로 사랑은 아픔을 가져다 줄 때도 있습니다. 빌레몬서 12절을 보십시오.

"네게 그를 돌려보내노니 그는 내 심복이라."

바울은 오네시모를 자신의 '심복'이라고 표현했습니다. 오네시모는 주인이었던 빌레몬의 눈을 피해 도망치다가 바울을 만나서 그리스도인이 되었고, 그가 감옥에 있을 때 수종을 들어 주었습니다. 힘들고 어려울 때 누구라도 옆에 같이 있어 주는 사람이 있다면 참 위안이 됩니다.

사도 바울도 마찬가지였습니다. 그도 때가 되면 먹기도 하고 설거지도 하고 빨래도 해야 했습니다. 이때 오네시모가 옆에서 여러 가지 일을 도와주니 바울의 입장에서는 참으로 편했을 것입니다. 그뿐 아니라 하나님의 말씀을 듣고 그것을 함께 나눌 수 있다는 사실이 그에게는 큰 위로가 되었을 것입니다.

하지만 바울은 오네시모가 누구인지 잘 알고 있었습니다. 사도 바울은 자신의 수종을 들고 있던 오네시모가 빌레몬의 종으로 있다가 도망쳤다는 사실을 파악하고 있었습니다. 그래서 바울은 아쉽지만 오네시모를 빌레몬에게 돌려보냈습니다.

아마 빌레몬은 믿음의 사람이었고 바울의 가르침을 받고 있었기 때문에 그가 편지라도 써서 오네시모를 자신의 곁에 두고 싶다고 했으면 그렇게 하라고 허락했을 것입니다. 그러나 사도 바울은 사랑과 믿음의 교제 차원에서 오네시모를 자신의 곁에 두지 않고 그를 떠나보냈습니다. 왜 그렇게 했습니까? 이것은 빌레몬과 오네시모가 근본적인 사랑과 용서를 통해 화합을 이뤄 내길 바랐기 때문입니다.

바울이 오네시모에게 얼마나 정이 들었을지 한번 생각해 보십시오. 그가 떠나면 마음이 아프고 섭섭하며 현실적으로 여러 가지 불편한 점이 있었을 것입니다. 하지만 사도 바울은 영원한 사랑과 화합과 믿음의 교제를 위해서 빌레몬에게 오네시모를 돌려보냈습니다.

다시 말해 모든 사랑의 관계를 자신의 입장과 이익에 따라 생각하지 않고 교회와 하나님 나라의 관점에서 사고했기 때문에 아픔을 무릅쓰고 돌려보냈던 것입니다. 바울은 항상 전체적인 관점에서 문제를 해결하는 안목이 있었던 사람이었습니다.

그렇지만 사도 바울도 나름대로 인간 관계 속에서 느끼는 감정이 있었습니다. "그는 내 심복이다. 내가 그를 사랑하고 있다. 내 사람이다. 하지만 내가 그를 네게 돌려보낸다." 이렇게 사랑을 표현했던 간절한 바울의 마음을 한번 느껴 보십시오.

▶︎ 정의와 사랑의 완벽한 조화, 예수 그리스도의 십자가

정의로운 사람이 되길 원하십니까? 사랑의 사람이 되길 원하십니까? 이 사람은 정의를 말할 수 있고, 저 사람은 사랑을 말할 수 있습니다. 그러나 정의와 사랑은 절대 양분될 수 없습니다. 우리에게 사랑은 있지만 정의를 무시한다면 그것은 기초도 뼈대도 없는 사랑일 것입니다.

분명히 사랑은 있어야 합니다. 하지만 그 사랑 안에는 반드시 정의도 함께 있어야 합니다. 그러므로 우리의 삶 속에 고통과 고난과 아픔이 존재합니다.

하나님은 인간을 구원하기 위해 어떤 방법을 사용하셨습니까? 사랑한다는 한마디로 끝내지 않으셨습니다. 우리를 사랑하기 위해서, 인간의 죄의 문제를 해결하기 위해서 큰 아픔을 감당하셨습니다. 정의로 인간을 심판하셨지만, 사랑으로 예수 그리스도께서 심판을 받게 하셨습니다. 이것이 하나님의 사랑에 기초한 하나님의 방법이었습니다.

즉 하나님은 정의로운 분이시기에 죄의 삯은 사망이고 거기에 따른 심판이 당연히 있어야 했습니다. 정의로운 심판과 사랑은 너무나 이질감이 느껴지는 것입니다. 하지만 하나님은 두 가지를 모두 이루셨습니다. 자기의 가장 사랑하는 아들, 독생자 예수 그리스도를 이 땅에 보내셔서 십자가에 못 박히게 하셨습니다. 우리를 위해 죽게 하셨습니다. 그리고 그 희생으로 예수 그리스도를 영접하는 사람들에게는 구원을 약속하시며 우리를 살리셨습니다.

예수님께서 십자가에 달려 돌아가신 사건은 정말로 슬픈 일입니다. 그리고 심판의 큰 모델입니다. 하지만 그 자체가 '죄의 삯은 사망'이라는 어떤 원칙을 수행한 것은 아닙니다. 그 속에 하나님의 깊은 사랑이 흘러넘치고 있기 때문에 가능한 일이었습니다. 그런 심판이 사랑에 기초하지 않았다면 그것은 그저 공의로 끝났을 것입니다. 그렇지만 하나님은 우리를 사랑하시고 구원하시기 위하여 큰 사랑의 맥락에서 자신의 공의로움을 그대로 드러내셨습니다.

이런 하나님의 방법은 오늘날을 살아가는 그리스도인들에게 진정한 사랑이 무엇인지, 그 사랑 안에서 우리의 정당성을 어떻게 주장해야 하는지 이야기해 줍니다. 빌레몬서를 통해 우리는 교회와 믿음의 교제의 틀 안에서 선을 이루기 위하여 사랑과 용서의 문제를 어떻게 해결해야 할 것인지 다시 한 번 점검하게 됩니다.

사랑하십시오. 그러나 아무 기초 없는 사랑이 아니라 공의를 부르짖는 사랑을 하십시오. 사랑은 말로만 부르짖는 것이 아니라 그 아픔을 스스로 감수해야 할 때도 많습니다.

가끔 주일학교에서 이런 예화를 사용합니다. 어떤 왕이 '잘못을 하면 눈을 빼겠다'고 공포했습니다. 그런데 가장 먼저 걸린 사람이 왕의 아들이었습니다. 만일 아들의 눈을 빼지 않는다면 왕의 권위가 떨어질 것입니다. 그렇지만 분명히 아들이 잘못했지만 그 눈을 뺀다는 것은 무척 어려운 일이었습니다. 결국 왕은 자신의 눈을 하나 뺀 뒤에 아들의 눈도 하나를 뺐습니다. 그 행동은 공의의 집행과 사랑의 마음이 같이 겸비된 모습이었습니다. 이런 사랑과 공의를 가지고 용서의 문제를 생각하는 것이 그리스도인들이 지녀야 할 올바른 삶의 태도입니다.

4장

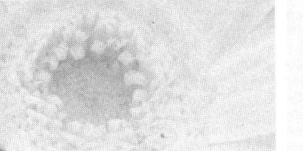

희생으로 다시 태어난 소중한 숯

그가 전에는 네게 무익하였으나 이제는 나와 네게 유익하므로 네게 그를 돌려보내노니 그는 내 심복이라 그를 내게 머물러 있게 하여 내 복음을 위하여 갇힌 중에서 네 대신 나를 섬기게 하고자 하나 다만 네 승낙이 없이는 내가 아무 것도 하기를 원하지 아니하노니 이는 너의 선한 일이 억지 같이 되지 아니하고 자의로 되게 하려 함이라(몬 11~14).

바울: 균형 잡힌 그리스도인의 모델

사도 바울은 매우 논리적인 사람이었습니다. 무엇인가를 요구할 때나 어떤 문제를 해결할 때 분명한 사상과 논리를 가지고 상대방을 설득하거나 추궁했습니다. 때로는 다른 사람이 자신을 공격할 때 상당한 논리적인 흐름을 가지고 방어했습니다. 하지만 설득이나 추궁이나 방어를 할 때 이성적인 이론에만 기대지는 않았습니다. 그가 딱딱하고 건조한 이론에만 집착했다면 그의 논리는 생명력이 없었을 것입니다. 바울은 보다 넓은 세계관을 가지고 사람들에게 반론했으며 정당한 논리로 그들을 설득했습니다. 때문에 그의 논리에는 생명력이 있었습니다. 이런 점이 없었다면 그의 논리도 극단으로 치달을 수밖에 없었을 것입니다. 하지만 사도 바울의 논리는 극단적이지 않았고 매우 균형이 잡혀 있었습니다.

TV에서 시사토론 프로그램을 시청하다 보면 거기에 나오는 사람들이 열띤 공방을 벌이는 모습을 보게 됩니다. 때로는 금방 치고받고 싸울 것같이 보입니다. 토론에 참석한 이들 중에는 교수들도 있고 실무 담당자들도 있는데, 시청자들로 하여금 서로간에 상당한 괴리감이 있다고 느끼게 할 때가 참 많습니다. 실무자들은 실무적이고 현실적인 논리를 가지고 자신들의 주장을 펼칩니다. 거기에 반해 교수들은 이론적인 정당성을 내세우며 접근합니다. 그런데 양쪽의 괴리감이 매우 심합니다.

이것은 서로에게 편견이 있다는 말입니다. 자신이 갖는 입장에서 모든 것을 바라보기 때문에 그쪽으로만 생각하게 됩니다. 그리고 이 사실은 서로에 대해 모르는 일이 많다는 것을 입증합니다. 실무를 담당하는 사람들은 이론에 약할 수밖에 없고 이론을 주장하는 사람들은 실제 생활에서 이루어지는 일들을 생각하지 못하기 때문에 자기 입장만을 주장합니다. 그러다 보면 서로간에 논리의 균형을 잃게 됩니다.

그러나 사도 바울이 말하는 논리에는 이런 요소들이 복합적이고 입체적으로 가미되었기 때문에 균형이 잡혀 있고 정리가 잘되어 있습니다. 이것은 그의 신앙이 실제적인 삶 속에서도 균형이 잘 잡혀 있었다는 사실을 알려 줍니다.

복음으로 인한 새로운 변화

빌레몬서는 빌레몬에게 오네시모의 잘못을 용서하고 형제로 받아들이라는 바울의 간곡한 마음을 담은 편지이지만 그 분위기는 교회 안에서 이루어지는 성도들간의 진한 사랑을 바탕으로 하고 있었습니다. 그래서 빌레몬서는 '사랑과 믿음', '사랑으로써' 라는 말들이 핵심을 이루고 있습니다.

4장의 본문 내용도 마찬가지입니다. 온통 사랑으로 가득 차 있습니다. 물론 본문에는 사랑이라는 단어가 직접적으로 표현되지는 않았지만 그 내면은 사랑으로 가득합니다. 오네시모에 대한 사랑, 복음에 대한 사랑, 빌레몬에 대한 바울의 사랑이 우러나고 있습니다. 그리고 사도 바울의 균형 잡힌 신앙의 모습이 잘 나타나 있습니다.

먼저 11절을 보십시오.

"그가 전에는 네게 무익하였으나 이제는 나와 네게 유익하므로."

바울은 오네시모가 예전에는 무익하였으나 이제는 유익하다고 말합니다. 이것은 오네시모에게 새로운 변화가 일어났다는 말입니다. 어떤 변화입니까? 그가 바울을 만나서 복음을 알게 되었고 하나님을 따르는 것이야말로 진정 의미 있는 삶이라는 사실을 알게 되었다는 뜻입니다. 쉽게 말하면 예수 그리스도를 믿게 되었다는 것입니다. 예전에는 믿지 않았지만 그는 이제 예수님을 믿게 되었습니다. 예수님을 알고 믿게 되었다는 것은 인생에 있어서 가장 큰 변화입니다. 이제는 그의 가치관이 바뀌었고 삶이 전혀 다른 방향으로 나아가게 된 것입니다. 이 사실이야말로 자신은 물론 그 모습을 바라보는 많은 이들에게도 가장 큰 기쁜 소식입니다.

우리 주변의 사람들이 새롭게 그리스도인이 되었다면 그저 큰 느낌 없이 '예수님을 믿게 되었구나'라고 생각하십니까? 아니면 '와! 그에게 큰 변화가 일어났구나' 하며 그로 인해 함께 기뻐하고 감격해하십니까? 예수님을 믿는 사람들이 주위에 많기 때문에 그저 흔히 일어날 수 있는 일이라고 여긴다면, 우리는 정말 귀중한 복음의 가치를 모르고 지나가는 것입니다. 따라서 오네시모가 무익한 사람으로 있다가 이제는 유익한 사람으로 변했다는 것, 다시 말해 예수님을 믿게 되었다는 것은 가장 큰 기쁜 소식입니다. 이런 일이 우리 주변에서 생길 때 그것은 우리에게 감동적인 사건으로 다가와야 합니다.

본문에서도 바울은 오네시모의 삶이 무익한 상태에서 유익한 상태로 변화된 것을 매우 기뻐했습니다. 그런데 우리는 그 기쁨을 단순하게 생각해서는 안 됩니다. 그 변화된 과정을 유심히 살펴볼 필요가 있습니다. 다시 11절을 보십시오.

"그가 전에는 네게 무익하였으나 이제는 나와 네게 유익하므로."

그가 전에는 '무익'했지만 이제는 '유익하게' 변화되었습니다. 그러면 이 '유익'은 어디서 출발합니까? 바로 '무익'에서 출발합니다. '무익'에서 '유익'으로 바뀐 것입니다. 처음부터 유익했던 것이 아닙니다. 무익의 단계를 거친 것입니다. 그렇다면 이것은 결코 간단한 일이 아닙니다. 오네시모가 방황하던 기간을 상상해 보십시오. 그저 무익한 사람이 유익한 사람이 되었다고 쉽게 넘기지 말고 그가 방황했던 기간을 생각해 보십시오.

처음에 그는 빌레몬의 종으로 살았습니다. 그러나 거기에 무슨 불만이 있었는지 탈출을 했습니다. 아마 그때 뭔가를 훔쳐서 달아났을 것입니다. 성경에는 오네시모가 돈이나 귀중품을 가져

갔다고 기록되어 있지는 않지만 학자들은 그가 그냥 도망가지 않고 돈을 훔쳐서 달아났을 것이라고 추론합니다. 그리고 빌레몬서의 뒷부분에서 사도 바울이 빌레몬에게 오네시모가 '빚진 것이 있다면 대신 갚아 주겠다'(18절)고 언급했던 것을 보면, 그가 돈을 훔쳐서 달아났던 것은 거의 확실한 것 같습니다.

당시 사도 바울은 로마 감옥에 있었습니다. 그런데 빌레몬이 살았던 골로새에서 바울이 갇혀 있던 로마까지는 꽤 먼 거리입니다. 그렇게 먼 거리로 인해, 오네시모가 사도 바울을 만나는 데는 상당한 시간이 걸렸을 것입니다. 그 사이에 오네시모에게도 나름대로 갈등하고 방황한 세월이 있었을 것입니다. 어쩌면 훔친 돈으로 흥청망청 방탕한 생활을 했을 수도 있습니다. 때로는 주인에게 붙잡힐지도 모른다는 불안감으로 몹시 고민하기도 했을 것입니다. 그때 오네시모는 인생의 슬픔과 자신의 존재에 대한 회의를 느끼며, 무척 불안하고 괴로운 심정이었을 것입니다.

그런 과정에서 오네시모는 사도 바울을 만났고, 그를 통해서 복음을 접하고 그리스도인이 되었습니다. 그리고 바울에게서 진정한 삶의 의미와 인생이 무엇인지, 그리스도인이 어떤 관점을 가지고 어떻게 살아야 하는지 배웠습니다. 그렇게 되기까지 오네시모도 여러 가지 요인으로 갈등하고 힘들었겠지만, 그를 지켜보던 바울도 끝없는 인내가 필요했을 것입니다.

오네시모가 예수님을 믿게 된 과정은 그저 순식간에 이루어진 것이 결코 아닙니다. 한 사람의 인생이 변화되는 문제가 어떻게 간단할 수 있겠습니까! 바울은 그를 복음의 길로 인도하기 위해 끊임없이 헌신했을 것입니다. 이렇게 한 사람이 그리스도인으로 거듭나는 과정은 정말 많은 노력과 사연을 필요로 합니다.

빌레몬서 11절에는 시간을 다루는 단어가 많습니다. '전'에는 무익했지만 '이제'는 유익하다고 언급했습니다. 이 두 단어는 과거를 회상해 볼 수 있는 기회를 제공해 줍니다. "지난 시절, 저는 하나님을 모른 채 살았습니다. 얼마나 근시안적으로 생활했는지 모릅니다. 그러나 하나님을 믿는 지금, 저는 감사할 것밖에 없습니다!" 이런 고백이 오네시모의 입에서 흘러나왔을 것입니다.

사실 오네시모의 과거를 돌아보면 그는 결코 바울의 일을 도울 수 있는 사람이 아니었습니다. 주인의 돈을 훔친 사람은 단순히 물건을 훔치는 수준을 넘어 양심을 훔친 것이며, 누군가로부터 인정받을 만한 자격이 전혀 없습니다. 그러나 사도 바울은 그의 과거에 집착하지 않고 변화된 모습을 바라보며 기뻐했습니다. 그래서 바울은 "저가 전에는 무익했지만 이제는 나와 네게 유익하다"라고 말했습니다.

물론 예전이나 지금이나 사도 바울에게 오네시모는 결코 무익한 존재가 아닙니다. 왜냐하면 오네시모는 복음을 알게 될 후보자였기 때문입니다. 하지만 바울은 이제 오네시모가 바울 자신은 물론이고 빌레몬에게도 유익한 사람이 되었다고 합니다. 이처럼 바울은 오네시모에게 좋은 평가를 내렸습니다. 이것은 복음의 결과로 나타난 아주 아름다운 현상들입니다.

정확한 때를 구별하는 지혜

그런데 이 사건은 끝나지 않고 계속됩니다. 빌레몬서 12절에는 그 다음 이야기가 전개됩니다.

"네게 그를 돌려보내노니 그는 내 심복이라."

이 부분의 핵심 내용은 바울이 오네시모를 빌레몬에게 '돌려보낸다'는 것입니다. 한번 깊이 생각해 보십시오. 이 일은 결코 쉬운 일이 아니었습니다.

오네시모의 입장에서 생각해 보면 그가 여러 가지 갈등과 고뇌 속에서 사도 바울을 만났고 이제 새사람이 되었습니다. 또한 바울과도 친밀한 관계를 맺게 되었습니다. 그런데 갑자기 바울이 예전 주인이었던 빌레몬에게 돌아가라고 합니다. 빌레몬과 좋은 관계로 헤어진 것도 아니고 그에게 나쁜 짓을 하고 도망쳤는데 말입니다. 비록 오네시모가 새사람이 되었지만 배신한 주인에게 돌아간다는 것은 정말 어려운 일이었습니다.

물론 사도 바울의 입장에서도 쉬운 결정은 아니었습니다. 바울은 오네시모와 빌레몬이 다시 만났을 때 갈등이 있을 수 있다는 사실을 잘 알고 있었습니다. 오네시모는 종이었고, 빌레몬보다 낮은 신분에 있었기 때문에 사실 그를 보내는 마음이 아팠을 것입니다. 하지만 사도 바울은 빌레몬을 생각하면서 오네시모를 돌려보내 두 사람이 다시 만나도록 하는 것이 자신의 도리라고 생각했습니다.

여기서 '돌려보낸다'는 개념을 '전에는'(11절)과 '이제는'(11절)이라는 단어들과 연결하여 생각해 보십시오. 그런데 바울은 왜 오네시모가 무익할 때 돌려보내지 않고, 유익할 때 돌려보낸다고 했을까요? 사도 바울은 전에 오네시모가 무익할 때 그를 자기 곁에 두고 말씀으로 양육했습니다. 다시 말해, 빌레몬에게 오네시모가 무익할 때 바울은 그를 자신에게 무익하다고 생각지 않고 유익하다고 생각하며 그를 돌봤습니다. 그때 바울은 오네시모를 빌레몬에게 돌려보낼 생각은 하지 않았을 것입니다. 하지만 사도 바울은 오네시모가 무익할 때는 자신의 옆에 두었으나 그가 새사람이 되어 자신에게 유익하게 되었을 때 오히려 빌레몬에게 돌려보냈습니다. 전에 무익할 때는 함께하고 이제 유익할 때는 돌려보낸다는 것입니다.

그렇다면 사도 바울은 '때'를 잘 구별한 사람이었습니다. 지금 오네시모를 옆에 둘 때인지, 아니면 돌려보내야 할 때인지 잘 판단했습니다. 신앙의 깊이가 있는 사람은 그때를 잘 구분합니다. 지금이 머물러 있을 때인지, 돌아가야 할 때인지 말입니다. 만일 머물러 있어야 할 때 돌려보내고, 돌려보내야 할 때 머물게 한다면 큰 문제가 생길 것입니다.

이런 모습은 현대인들이 생각하는 정신 세계와 사뭇 다릅니다. 사람들이 일반적으로 생각하는 수준과 현저히 다르다는 말입니다. 이권 문화에 찌든 오늘날의 사회적 정서로 보면 바울의 행동은 정말 어리석은 일입니다. 오늘날 같으면 그 사람이 나에게 무익할 때는 그를 옆에 두기 싫어할 것입니다. 만일 오네시모가 술주정뱅이처럼 당신에게 다가왔다고 생각해 보십시오. 귀찮은 것은 물론이고 혹시 피해라도 입을까 봐 다가오지 말라고 소리칠 것입니다. 그러나 도움이 된다고 생각될 때는 그를 옆에 잡아 두려고 할 것입니다. 이와 다른 반대 현상이 빌레몬서에는 나타나 있습니다. 사도 바울은 오네시모가 무익할 때는 자신의 옆에 두고, 유익할 때는 돌려보냈습니다.

그런데 바울에게 유익하다는 것은 오네시모가 복음의 사람이 되었다는 의미도 있겠지만, 인간적으로도 자신에게 도움이 된다는 뜻도 함께 담겨 있었습니다. 감옥 생활을 하던 바울에게 얼마나 어렵고 힘든 일이 많았겠습니까? 힘들 때, 외로울 때 자기의 옆에 누군가 그냥 있어만 줘도 좋은 것 아닙니까? 혼자 되신 여자 성도님이 이런 말을 했던 것이 생각납니다. 만일 내가 벽에 못을 박을 때 그 못을 대신 박아 주는 이가 있다면, 그가 나에게 유익한 사람이라는 내용이었습니다.

이런 것처럼 사도 바울이 감옥에 있을 때 오네시모는 그에게 많은 힘이 되었을 것입니다. 그는 바울에게 유익할 뿐 아니라 하나님을 알고 있기에 대화도 통하는 사람이었습니다. 그래서 사도 바울은 오네시모를 향한 애착으로 '심복'(12절)이라고 표현했습니다.

이 말은 평소 사도 바울이 자주 쓰는 단어가 아니었습니다. 보통 내 심복일 때 옆에 두려고 하는 것이 인간의 마음입니다. 자신을 잘 보좌하는 사람을 옆에 두고 싶어합니다. 건달 식으로 말하면 '똘마니'가 옆에 있어야 자신의 힘을 더 크게 피력할 수 있는 것입니다. 하지만 바울은 심복인 오네시모를 과감히 돌려보냈습니다. 왜냐하면 사도 바울은 그가 자기에게 유익하고, 그가 새로운 삶을 살고 있는 것이 전부가 아니라는 사실을 잘 알고 있었기 때문입니다. 다시 말해 바울은 예전의 무익했던 오네시모가 이제는 유익하게 변화되었다는 소식을 성도들에게 알리고 함께 기쁨을 나누는 선에서 모든 일을 마무리하지 않았습니다. 이런 중요한 변화를 인간 관계 속에서도 적용했던 것입니다.

인간 관계를 변화시키는 복음

오네시모가 복음으로 유익한 사람이 되었다는 것은 너무나 큰 기쁨입니다. 그러나 그것으로 모든 관계가 정당화되지는 않습니다. 사도 바울은 변화되어야 할 빌레몬과 오네시모의 관계를 생각했습니다. 만일 누군가 복음은 예수님을 믿는 마음이고 그것으로 다 된다고 생각한다면 크게 착각하고 있는 것입니다. 복음에는 예수님을 알고 그분과 개인적으로 나누는 기쁨만 있는 것이 아닙니다. 그보다 더 높은 세계를 지향하는 것이 담겨 있습니다. 즉 자신의 실제 삶을 향상시키는 일이 필요합니다. 그렇게 하기 위해선 자기 자신의 분명하지 못한 삶의 방식을 모두 정리해야 합니다.

지금 오네시모가 새사람이 되었다고 해서 모든 문제가 해결된 것은 아닙니다. 그에게는 주인이었던 빌레몬에게 청산해야 할 빚이 남아 있었습니다. 그래서 바울은 두 사람의 관계를 교회의 관점에서 생각하고 오네시모를 옆에 두는 것이 비록 자신에게는 유익할지라도 그를 돌려보냈습니다.

예수님을 믿으면 사람이 달라질 것이라고 쉽게 낙관하지 마십시오. 사람의 모습은 쉽게 달라지지 않습니다. 그가 구원에 대한 감격으로 눈물을 쏟았다고 해서 그의 모습이 완전히 달라졌다고 생각해서는 안 됩니다. 실제 그의 삶이 변화되지 않으면 달라진 것이 아닙니다.

그리스도인으로 살아간다는 것은 결코 쉬운 일이 아닙니다. 예수님을 믿으면 삶이 긍정적으로 변화되어야 하고 이전에 잘못된 생활을 했다면 그것으로부터 철저하게 돌아서야 합니다. 그래서 신앙인에게는 분명한 결단이 필요합니다. 한 사람이 두 주인을 섬길 수 없습니다. 세상도 섬기고 하나님도 섬길 수 없습니다. 이 길이 아니면 저 길밖에 없습니다.

예수님을 믿으면서 조금씩 변화하면 된다는 것도 맞는 말이긴 합니다. 하지만 처음을 그렇게 느슨하게 시작해서는 안 됩니다. 이것 아니면 저것, 분명하게 선택해야 합니다. 우리에게는 두 종류의 삶이 있을 뿐입니다. 예수님을 따라갈 것인지, 아니면 이 세상을 따라갈 것인지 결정해야 합니다. 세상을 따라가려면 뒤돌아보지 말고 그쪽 길로 가십시오. 마음대로 세상의 가치와 흐름 속에 빠져 놀면 재미있을 것입니다. 하지만 예수님을 따르려면 항상 성경적 가치관과 하나님 나라를 품고 살아가십시오. 복음은 능력이 있으며, 사람을 변화시키는 힘이 있습니다.

오네시모가 바울에게 주는 유익

그러면 오네시모를 빌레몬에게 보내는 것만이 꼭 합당한 일입니까? 물론 그렇지는 않습니다. 13절을 보십시오.

"그를 내게 머물러 있게 하여 내 복음을 위하여 갇힌 중에서 네 대신 나를 섬기게 하고자 하나."

바울 곁에 오네시모를 머물게 하면 좋은 점이 있다고 기록되어 있습니다. 구체적으로 어떤 유익이 있는지 살펴봅시다.

첫째, '복음을 위하여' 도움이 됩니다. 복음에 대한 사랑은 바울이 추구하던 모든 것이라고 할 수 있습니다. 이것은 성경의 기본 사상이기도 합니다. 그런데 '복음을 위하여'라는 말에는 특별한 의미가 담겨 있습니다. 사도 바울은 감옥에 갇혀 있으면서도 복음을 전하는 사람이었습니다. 그런 바울에게는 헌신된 사람이 필요했습니다. 나이 많은 바울의 시중을 들어주는 조력자는 바울에게 많은 도움을 줄 것이며, 이런 점에서 바울이 오네시모를 옆에 두는 것은 유익한 일이었습니다.

둘째, 빌레몬이 바울을 섬기게 되는 일이기도 합니다. 성경에는 '네 대신 나를 섬기게 하고자 하나'라고 기록되어 있습니다. 즉 '네 대신'은 '빌레몬 대신'이란 뜻입니다. 빌레몬은 바울을 돕기 위해 무척 애쓰던 사람이었습니다. 그는 항상 바울을 위해 헌신하던 사람이었습니다. 그런데 자신의 종이었던 오네시모가 사도 바울을 만나서 예수님을 믿고 그의 일을 돕는다면, 그것은 곧 빌레몬이 바울의 일을 돕는 것이라 생각할 수 있습니다. 빌레몬이라면 충분히 그렇게 생각할 것입니다.

빌레몬은 나이가 어린 사람이고 바울은 나이가 많은 사람이며, 또 빌레몬도 바울을 통해 예수님을 알게 되었기 때문에 어쩌면 그 일로 그가 더 기뻐할지 모릅니다. 그러므로 오네시모를 바울 옆에 두는 일이 여러모로 유익하고 타당하다고 생각할 수 있습니다.

셋째, 이것은 빌레몬이 바울을 돕는 데 좋은 기회가 되는 셈입니다. 골로새, 즉 현재의 터키에서 멀고 먼 로마까지 가는 길은 험난한 여정입니다. 하지만 오네시모는 이미 그곳에서 바울을 돕고 있기 때문에 모든 면에서 효과적인 일입니다. 이 정도의 정당성이 있으면 다음 이야기는 할 필요도 없습니다. 바울이 오네시모에게 그냥 "옆에 있어라" 하고 말해도 문제 될 것이 하나도 없습니다. 왜냐하면 그것은 모든 사람들이 인정할 수 있는 일이기 때문입니다.

아마 이 정도면 세상 사람들은 끝까지 자기 생각을 관철시킬 것입니다. 왜 그렇습니까? 보통 사람들은 고집을 피우면 안 되는 경우에도, 한 가지라도 정당한 것처럼 보이는 구실이 생기면 자기 주장을 합리화하기 위해 끝까지 투쟁합니다. 하물며 이 같은 상황이라면 오네시모를 돌려보내지 않고 함께 있어도 무방하다고 생각할 것입니다.

원칙과 정도를 지키는 삶

하지만 사도 바울의 생각은 여기에 머무르지 않았습니다. 그는 더 큰 덕을 생각했습니다. 빌레몬서 14절을 보십시오.

"다만 네 승낙이 없이는 내가 아무 것도 하기를 원하지 아니하노니 이는 너의 선한 일이 억지 같이 되지 아니하고 자의로 되게 하려 함이라."

여기에는 오네시모를 돌려보내는 바울의 의도가 나옵니다. 그가 새사람이 되었고, 그를 자신의 곁에 두는 것이 정당하고 효율적인 면이 있다고 하더라도 빌레몬의 승낙 없이는 그렇게 하지 않겠다는 것입니다. 즉 빌레몬의 선한 일이 억지로 되는 것이 아니라 자의에 의해 결정되어야 하기 때문입니다.

선한 일이라고 해서 그 과정이 무시되어서는 안 됩니다. 좋은 일이기에 무조건 밀고 나가도 되는 게 아닙니다. 오늘날 많은 사람들이 이 부분을 착각하고 있습니다. 특히 개혁적인 성향을 가진 이들은 그 전제와 목표가 좋다면 어떤 수단을 사용해도 괜찮다고 생각합니다. 이런 모습은 그리스도인들도 예외는 아닙니다. 하나님의 일이니까, 목표가 좋으니까 모든 여론이 거기에 따라야 한다고 주장합니다. 그러나 성경은 그렇게 이야기하지 않습니다.

목표가 좋다고 모든 행동이 옳은 것은 아닙니다. 그 과정 속에서 일어나는 인간 관계를 생각해야 하고, 하나님 나라의 관점에서 교회를 이루는 각 구성원의 모습을 항상 염두에 두어야 합니다. 이런 점을 고려하지 않으면 개인이 무시됩니다.

"제가 말씀에 근거해 있고 이것이 분명한 하나님의 말씀이므로 다른 것은 생각하지 말고 따라만 오십시오. 어디가 아픕니까? 하나님의 일에는 아픈 것도 문제 삼아서는 안 됩니다. 그냥 따라오십시오."

누군가 이렇게 말한다면 그것은 기독교 신앙을 반쪽만 이해한 것입니다. 대의가 좋으면 모든 과정은 무시되어도 상관없습니까? 결코 그렇지 않습니다. 하나님은 우주의 하나님이시지만 우리 개개인의 하나님이시기도 합니다. 따라서 하나님 나라와 교회도 중요하지만 개개인도 매우 소중한 존재입니다.

사도 바울은 아무리 복음에 유익이 된다고 하더라도 인간 관계에 얽힌 문제들을 구렁이 담 넘어가듯이 슬쩍 넘기지 않았습니다. 즉 오네시모를 돌려보내지 않는다 하더라도 빌레몬은 그의 의견을 존중해 이 일을 용납할 것입니다. 하지만 바울은 자신의 일방적인 결정에 따라 어쩔 수 없이 승낙하게 될 빌레몬의 입장을 깊이 생각했습니다. 그는 결과만을 생각지 않고, 그 과정 속에서 빌레몬 스스로가 결정하도록 하는 것이 정당하다고 판단했습니다.

민주주의에서 다수의 의견이 옳으면 소수의 의견은 완전히 무시되어도 괜찮다고 생각하는 것은 잘못된 생각입니다. 이것은 민주주의를 제대로 이해하고 있는 것이 아닙니다. 물론 기독교가 민주주의는 아니지만, 기독교에서도 목표가 좋으면 그 과정이 잘못되어도 괜찮다고 생각하는 경우가 많습니다. 하지만 그것은 잘못된 생각입니다.

영국의 한 도시에서 있었던 일입니다. 국가가 많은 예산을 들여 신도시를 개발했습니다. 도로도 만들고 보도도 깔고 나무도 심었습니다. 시민들은 모두 새로 당선된 시장이 지역을 발전시키고 아름답게 만드니까 다음 선거에도 그를 다시 선출하겠다고 했습니다.

그런데 한 사람만은 시장을 싫어했습니다. 그는 시각 장애인으로 오랫동안 그곳에서 살았기 때문에 길이 익숙해 지팡이 없이 혼자 다닐 수 있었습니다. 하지만 많은 곳이 새로 개발되어 다시 지팡이를 짚으며 생활해야 했습니다. 즉 그의 입장에서는 모든 생활이 불편해져 심각한 인생의 문제가 발생한 것입니다. 그래서 시각 장애인은 정부에 항의했습니다.

이때 정부는 모든 이들이 좋아한다는 사실을 내세워 소수의 의견을 무시할 수도 있었습니다. 만일 그렇게 하더라도 이 일로 데모하는 사람들은 없었을 것입니다. 그런데 정부는 시각 장애인을 위해서 그가 다니는 길을 새로 다 만들어 주었습니다. 뿐만 아니라 신호등에 시각 장애인들을 위한 벨소리 시스템까지 달아 주었습니다. 그를 위하여 최대한의 배려를 한 것입니다.

이 얼마나 아름다운 모습입니까! 다수의 의견이 존중되었지만 그렇다고 해서 소수의 의견이 무시되지도 않았습니다. 바로 이것이 민주주의의 참 모습입니다.

자발적인 헌신과 사랑을 위하여

동기가 순수하고 목표가 좋다고 해서 모든 일들이 용납될 수 있는 것은 아닙니다. 그렇기 때문에 어떤 일을 이루기 위해서는 실제로 진행할 사람들의 책임도 있다는 것을 항상 생각해야 합니다. 그리고 그들이 담당해야 할 몫은 그 자신들에게 맡겨야 합니다. 일을 하다 보면 잘못하는 모습도 있을 수 있습니다. 그때 대의에 어긋나기 때문에 그 일을 하지 말라고 해야 합니까? 물론 그렇지 않습니다.

기업을 운영하는 사람들의 모습을 살펴보면 참 다양합니다. 어떤 일을 직원에게 시켰을 때 실패하면 곧바로 그를 제외하고 다른 직원으로 교체하는 사장도 있고, 결과는 실패이지만 이를 통해 배운 노하우가 있기에 다음에는 다른 직원보다 실패할 확률이 적다고 그에게 다시 기회를 주는 사장도 있습니다. 그러면 어떤 사장이 사업에서 더 크게 성공했을 것 같습니까? 우리는 실패를 용납하지 않는 사장이 성공했을 것이라 생각하지만, 오히려 실패한 직원을 신뢰하고 격려해 그 일을 다시 시킨 사장이 장기적으로는 성공한 경우가 많다고 합니다. 우리의 예상과는 다른 결과입니다. 그러나 하나님 나라의 원리가 그렇습니다.

한 번 실패한 사람이라고 해서 그냥 심판해 버린다면 여기 남아 있는 사람은 한 사람도 없을 것입니다. 큰 맥락 속에서 여러 가지 일들을 생각하는 사람이 더 넓은 차원의 관계를 이해할 수 있습니다. 옳다고 무조건 행동하는 것은 정의로운 사람의 모습이 아닙니다. 반쪽만 아는 부족한 사람의 모습입니다. 우리는 보다 넓은 차원에서 생각할 줄 알아야 합니다.

그래서 사도 바울은 '자의'(14절)를 이야기했습니다. 자신의 입장이 타당하다고 상대방에게 어떤 일을 강요할 수 없습니다. 자의로 이루어지는 헌신과 사랑이 진정으로 아름다운 것이기 때문입니다. 억지로 이루어지는 용서는 진정한 용서가 아닙니다. 즉 빌레몬이 마음속에서 우러나오는 사랑으로 오네시모를 용서해야 합니다. 이런 이유로 바울은 오네시모를 돌려보냈습니다. 그때 빌레몬이 다시 오네시모를 바울에게 보낸다면 이것은 자발적으로 이루어진 진정한 용서와 사랑의 행동입니다. 이것이 사도 바울이 생각하는 하나님의 방법이었습니다.

오늘날에도 이와 같은 일들이 많이 있습니다. 이 때문에 사도 바울은 교회를 배경으로 오네시모와 빌레몬의 이야기를 다뤘습니다. 그리스도인들에게는 항상 할 일이 많습니다. 그런데 그 일들을 자의로 해야 합니다. 어떤 목표가 옳기 때문에 그렇게 해야 한다는 것보다 개개인이 스스로 모든 일을 하나님의 관점에서 생각하고 그 일을 이루기 위해 서로서로 협력하여 하나님의 나라를 이뤄 가는 아름다운 모습이 나타나야 합니다.

그렇게 하기 위해서는 항상 큰 전제를 생각해야 합니다. 먼저 하나님의 나라를 생각하고, 그 속에서 교회와 믿음의 교제가 어떤지 점검하며, 복음을 위한 목표와 그 일을 행할 각 개인의 관계를 동시에 고려해야 합니다. 그런 논리적인 영적 구도가 우리의 마음에 자리하고 있어야 합니다. 그러므로 그리스도인들은 모두 영적인 '대가'(大家)가 되어야 합니다. 만일 그렇지 않다면 언제나 '졸장부'(拙丈夫)로 살아갈 수밖에 없을 것입니다.

5장

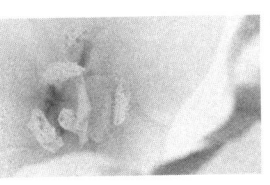

누구나 앉을 수 있는 복음의 밑둥치

"아마 그가 잠시 떠나게 된 것은 너로 하여금 그를 영원히 두게 함이리니 이후로는 종과 같이 대하지 아니하고 종 이상으로 곧 사랑받는 형제로 둘 자라 내게 특별히 그러하거든 하물며 육신과 주 안에서 상관된 네게랴 그러므로 네가 나를 동역자로 알진대 그를 영접하기를 내게 하듯 하고 그가 만일 네게 불의를 하였거나 네게 빚진 것이 있으면 그것을 내 앞으로 계산하라 나 바울이 친필로 쓰노니 내가 갚으려니와 네가 이 외에 네 자신이 내게 빚진 것은 내가 말하지 아니하노라"(몬 15~19).

'영원'의 관점에서 바라보라

빌레몬서의 핵심 주제는 용서입니다. 그러나 오네시모를 용서해 달라고 간청할 때, 바울은 단순히 빌레몬과 오네시모의 관계만을 생각한 것은 아닙니다. 어떤 차원에서 용서가 이루어져야 하는지 깊이 생각했습니다. 그렇기 때문에 빌레몬서가 언급하는 용서란 단순히 상대방의 잘못을 덮어 두고 용서하겠다는 한마디로 모든 게 끝나는 것이 아닙니다.

다시 말해 바울은 하나님 나라와 교회의 맥락 속에서 용서의 중요성을 이야기했습니다. 그래서 앞부분에서 교회의 중요성을 간접적으로 언급하며, 그 속에서 성도들간의 교제의 중요성을 강조했습니다. 뿐만 아니라 바울은 오네시모를 용서해 달라고 빌레몬에게 요구할 수도 있었지만 빌레몬이 자의로 용서하길 바랐습니다. 그리고 이제 본문을 통해 구체적으로 빌레몬이 오네시모를 어떤 자세로 받아들여야 하는지 설명합니다. 이 내용을 살펴보면서 우리는 진정한 용서의 의미를 다시 한 번 생각하게 됩니다.

먼저 15절을 보십시오.

"아마 그가 잠시 떠나게 된 것은 너로 하여금 그를 영원히 두게 함이리니."

여기서 바울은 오네시모의 과거를 들추어냅니다. 오네시모는 자신의 과거를 생각조차 하기 싫었을 것입니다. 그런데 이제 와서 사도 바울이 그의 쓰라린 과거의 일을 끄집어냈습니다. 하지만 '저가 잠시 떠나게 되었다'고 표현했을 뿐입니다.

즉 바울은 오네시모의 과거를 들춰냈지만 부정적인 표현을 쓰지 않았습니다. 만일 요즘 사람들이 오네시모를 평가했다면 이보다 더 심한 표현을 사용했을 것입니다. 빌레몬이 오네시모를 얼마나 아꼈는데 배신했느냐며 그를 배은망덕한 사람으로 몰아붙일 수도 있습니다. 또 주인의 돈을 훔쳐 도망친 못된 사람이라고 언급할 수도 있습니다. 그러나 바울은 오네시모가 도망친 것에 대해 '잠시 떠나게 된 것'이라고 표현했습니다. 이는 오네시모의 아픈 과거를 새로운 각도에서 해석했기 때문입니다. 다시 15절을 자세히 살펴봅시다.

"그가 잠시 떠나게 된 것은 너로 하여금 그를 영원히 두게 함이리니."

15절에는 두 개의 대조되는 단어가 있습니다. '잠시'와 '영원'이라는 단어입니다. 서로 완벽한 대조를 이루고 있습니다. 그러므로 '잠시'라는 표현은 '영원'이라는 기초 아래서 생각했던 것입니다. 다시 말해 사도 바울은 과거의 일을 영원의 관점에서 해석하고 있었습니다.

그렇지만 과거의 '잠시'가 '영원'을 위해서 필요했다는 의미는 아닙니다. 간혹 어떤 사람들은 '잠시'가 있어 '영원'이 있으니 도리어 좋은 것이 아니냐며 '잠시'의 유익함을 말하기도 합니다. 즉 가룟 유다가 있었기 때문에 예수님이 십자가를 지고 그로 인해 우리가 구원받을 수 있다고 주장합니다. 또한 가룟 유다를 위대한 신앙의 영웅으로 생각하는 이들도 있습니다. 하지만 이것은 잘못된 생각입니다.

사도 바울은 그들의 나쁜 의도를 알았기 때문에 로마서에서 다음과 같이 말했습니다.

"그런즉 우리가 무슨 말을 하리요 은혜를 더하게 하려고 죄에 거하겠느냐"(롬 6:1).

즉 바울은 '과거'가 있음으로 해서 '영원'이 빛날 수 있었다는 의도로 이런 이야기를 한 것은 아닙니다. 비록 쓰라린 과거가 있었지만 그것은 영원의 관점에서 살펴보면 잠시였다는 뜻이었습니다. 바울의 마음속에는 오네시모를 사랑하는 감정이 가득 담겨 있었습니다. 그저 오네시모를 인간적으로만 아끼는 것이 아니라 그의 아픈 과거를 영적으로 해석해 그것이 도리어 유익이 되었다며, 그 사건을 긍정적으로 조명했습니다.

자신이 죄인임을 인정할 때 진정 용서할 수 있다

이렇게 과거의 사건을 긍정적인 차원에서 아름다움으로 승화시킬 수 있는 자세와 생각이 바로 복음적인 시각입니다. 한 사람이 세상에서 용서받지 못할 죄를 지었다고 합시다. 그때 사람들은 저마다 그를 향해 손가락질하며 그럴 수 있느냐고 욕을 하며 심판합니다. 그런데 그를 심판하는 것이 복음적인 시각입니까? 물론 아닙니다. 그것은 복음을 반쪽만 이해한 행동입니다.

복음이란 죄인인 인간을 용서하시는 하나님의 사랑입니다. 그 사랑을 위해 예수 그리스도께서 이 땅에 오셨고 친히 십자가에 달려 인간의 죗값을 치르셨습니다. 그러므로 오늘날 십자가는 용서의 상징이 되었습니다.

십자가는 감상적으로 미화될 수 없습니다. 바로 인간의 죄의 대가를 치르신 예수님의 죽음의 현장이었기 때문입니다. 그래서 우리가 다른 사람을 용서한다는 것은 죽음의 현장을 친히 택하신 예수 그리스도의 방법을 따르는 것입니다.

그런데 인간은 인간을 용서하지 않습니다. 하나님의 사랑으로 용서를 받은 우리인데 다른 사람을 용서하지 못합니다. 자신과 똑같은 죄인인데도 말입니다.

우리가 그들보다 낫기 때문에 전도하는 것이 아닙니다. 케네디는 "전도란 어떤 한 거지가 윗마을의 잔치 소식을 다른 사람에게 알려 주는 것이다"라고 말했습니다.

이 말의 의미는 다음과 같습니다. 전하는 사람이나 듣는 사람이나 둘 다 거지인 것은 마찬가지입니다. 단지 전하는 사람이 잔치가 있다는 것을 먼저 알았고, 다른 거지에게 그 소식을 알린 것입니다. 사실 인간은 누구나 다 이와 같이 거지의 입장에 처해 있습니다. 모두 죄인인 것입니다.

죄인이 예수 그리스도를 통해 용서함을 받고 그 큰 은혜 아래에서 다른 사람을 용서하는 것은 너무 당연한 일입니다. 그러나 하나님이 우리를 용서하신 것과는 대조적으로, 우리는 다른 사람들을 용서하지 못하고 그들이 구원받지 못할 것이라고 생각하곤 합니다. 도리어 조금 의롭게 산다는 사람들이 다른 이들을 정죄하며 그들 때문에 교회나 사회가 형편없어졌다고 말할 때가 많습니다.

우리 자신을 포함해 우리 모두는 형편없는 사람이고 죄인인 것이 분명합니다. 누군가 우리를 향해 '정말로 형편없는 사람'이라고 이야기한다 해도 우리는 그 말에 대해 유감이 없어야 합니다. 우리 자신이 그런 소리를 들을 때는 그대로 받아들여야 합니다. 정말 우리는 하나님 앞에서 형편없는 사람이기 때문입니다. 그렇지만 우리가 죄를 지은 사람을 향해 "죄인이다, 악하다, 너 같은 사람 때문에 이 사회가 썩었다"라고 말한다면 그것은 하나님의 은혜를 생각지 못하고 하는 이야기입니다.

물론 원칙적으로 이런 죄를 짓지 않도록 해야 하고, 자신과 교회와 사회에 죄가 들어오는 것에 대해 항상 방어하는 자세를 가지고 있어야 합니다. 우리는 결코 죄를 지어서는 안 된다는 생각을 가지고 세상을 살아야 합니다. 죄에 대해서는 이처럼 분명한 입장을 가지고 있어야 합니다. 그러나 죄인을 함부로 정죄하거나 심판해서는 안 됩니다. 죄는 미워하지만 죄인을 미워해서는 안 됩니다. 예수 그리스도께서 바로 그런 죄인을 위해서 이 땅에 오셨기 때문입니다.

여기서 '정죄하지 말라'는 의미는 신경 쓰지 말고 내버려 두라는 말이 아닙니다. 그냥 용서하라는 말도 아닙니다. 흔히 어린아이가 나쁜 행동을 했을 때 부모에게 "잘못했습니다"라고 한마디를 하는 모습과는 개념이 다릅니다. 부모가 '잘못했다'고 말할 것을 강요하면 아이는 야단맞아 입을 삐쭉거리면서도 그렇게 합니다. 하지만 겉으로 잘못을 시인했다고 해서 속마음도 그렇다고 할 수 없습니다.

우리도 그럴 때가 많습니다. 실제로는 용서하지 않고 외형적으로 용서한 것처럼 행동할 때가 많습니다. 성경이 사랑과 용서를 이야기하기에 어쩔 수 없이 "내가 예수님을 믿으니까 너를 용서하고 그냥 넘어간다"라고 말하는 사람도 있습니다. 그러나 이것은 진정한 용서가 아닙니다.

그러므로 나의 용서를 받을 사람도 복음으로 새롭게 될 대상이라는 것을 인식해야 합니다. 그런 사람들이 있어야 복음의 능력이 발휘되는 것입니다. 다시 말해 복음으로 인하여 가장 천하고, 사회로부터 정죄를 받고, 수많은 사람들의 손가락질을 받는 사람이 새사람으로 태어나는 일이 나타나야 합니다. 바로 이 일이 모든 그리스도인들의 관심사가 되어야 합니다.

그렇다면 '영원'의 범주 아래서 '잠시'를 생각하는 사람이 참 믿음의 사람입니다. 진정한 용서는 이런 믿음을 통해서 이루어질 수 있습니다. 그래서 바울은 빌레몬에게 오네시모가 도망친 것은 '잠시'였고 이로 인해 그가 복음을 알게 되었으니 그와 함께 영원한 삶을 소유하라고 말했습니다.

신분이나 조건을 초월하는 복음

빌레몬이 오네시모를 용서하면, 두 사람의 관계는 어떻게 되는 것입니까? 이제는 새롭게 형성될 두 사람의 인간 관계에 대해 알아봅시다. 먼저 16절을 보십시오.

"이후로는 종과 같이 대하지 아니하고 종 이상으로 곧 사랑받는 형제로 둘 자라 내게 특별히 그러하거든 하물며 육신과 주 안에서 상관된 네게랴."

현재 빌레몬과 오네시모의 관계는 주종 관계입니다. 한 사람은 주인이고, 다른 한 사람은 종입니다. 그런데 사도 바울은 빌레몬에게 앞으로는 오네시모를 '종과 같이 대하지 말라'고 했습니다. 더 나아가서 '사랑받는 형제'로 두길 권유했습니다.

또한 바울의 주문은 여기서 그치지 않았습니다. 17절을 살펴보십시오.

"그러므로 네가 나를 동역자로 알진대 그를 영접하기를 내게 하듯 하고."

사도 바울은 빌레몬에게 자신을 대하듯이 오네시모를 영접하라고 했습니다.

그러면 빌레몬이 오네시모를 이와 같이 대접해야 하는 이유는 무엇입니까? 바로 성도들의 믿음의 교제 때문입니다. 여러 가지 교회의 기능 중에서 믿음의 교제는 상대방의 신분이나 조건을 초월해서 함께 섬기고 나누는 것입니다. 여기에는 남녀노소의 차이가 없습니다. 계급의 차이도 존재하지 않습니다.

교회에서 가장 높은 사람이 목사라고 생각하십니까? 아닙니다. 물론 은사의 차이는 있지만 계급의 차이는 없습니다. 모두 예수 그리스도 안에서 한 형제이고 자매입니다. 그렇기 때문에 서로 똑같이 나누어야 합니다. 어떤 사람은 사회적으로 조금 인정을 받는 직책에 있을 수 있고, 또 어떤 사람은 그렇지 못할 수 있습니다. 그러나 이것은 바깥 세상에서 통하는 말이고 교회 안에서는 통하지 않습니다.

빌레몬서가 기록될 당시에는 노예 제도가 있었습니다. 빌레몬은 주인이고, 오네시모는 종이었습니다. 분명한 신분의 차이가 존재했습니다. 이런 제도는 그 시대의 사회 제도 가운데 하나였습니다. 하지만 바울은 구체적으로 노예 해방을 부르짖지는 않았습니다. 그렇다면 바울은 그런 사상에 무감각했던 것일까요? 물론 아닙니다. 그는 직접적으로 노예 해방을 이야기하지 않았지만 오히려 높은 수준의 관계를 통해서 그 문제를 다뤘습니다.

사도 바울은 주인인 빌레몬에게 종인 오네시모를 한 형제로 받아들이라고 했습니다. 실제로 오네시모가 종이지만 그를 형제로 생각하고 섬긴다면 주종 관계에서 일어나는 부작용들이 발생하지 않을 것입니다. 이런 바울의 생각은 그 당시 노예 제도에 대한 불합리성을 여러모로 설명하는 일보다 더 큰 차원에서 노예 해방을 주창한 것입니다. 달리 거창하게 '해방'이라는 단어를 사용하지 않아도 문제 될 것이 없습니다.

➤ 사회와 문화를 인정하고 그 속에서 움직이는 복음

그렇다면 그리스도인들에게는 현실적인 신분이나 위치가 모두 사라지는 것입니까? 오네시모가 예수님을 믿기에 이제는 종의 신분에서 벗어나게 되었습니까? 빌레몬이 돌아온 오네시모에게 "그래, 지금부터 너는 종이 아니다. 바울 선생님과 같은 동역자이니 똑같이 나와 주인 행세를 하자"고 해야 합니까?

만일 그렇게 되었다면 이것은 다른 노예들이 보기에 차별 행위입니다. 빌레몬의 집에 있던 모든 종들이 '한 번 도망쳐서 예수를 믿게 되었다고 하면 이 신분에서 벗어나겠구나' 하며 나갈 준비를 할 것입니다. 하지만 그렇지 않았습니다. 오네시모가 빌레몬에게 돌아왔지만 그의 신분은 변하지 않았습니다.

16절 전반부에서 "이후로는 종과 같이 대하지 아니하고"라고 기록된 내용은 오네시모를 종과 같이 대하지 말라고 권유한 것뿐입니다. 그러므로 이전의 노예 신분은 그대로 유지되었다는 말입니다.

또한 16절 후반부에서 "그러하거든 하물며 육신과 주 안에서 상관된 네게랴"고 기록된 내용도 두 사람의 주종 관계를 다시금 말해 주는 것입니다. 종은 종이고, 주인은 주인이라는 말입니다. 그러나 사도 바울은 이것은 역할과 기능의 차이일 뿐이지, 계급과 인격의 차이는 아니라는 것을 강조했습니다.

이런 사고는 일반 사람들에게는 이해가 되지 않습니다. 직장에 나가면 어느 곳이든지 상사가 있습니다. 회사에는 사장이나 부장이 있고, 병원에는 원장이 있고, 연구소에는 소장이 있습니다. 그들이 모두 그리스도인이 된다고 해서 사장이나 부장, 원장, 소장 등이 다 없어지는 것은 아닙니다. 모두 그대로 있습니다. 사도 바울은 그런 사회적인 기능을 무시하지 않았습니다. 다만 자신이 사장이라면 다른 사람이 회사에서 수위 일을 한다고 해서 그를 종으로 여기지 말라고 했습니다. 모든 직원들이 회사의 일을 하기 위해 모인 동역자로서 서로 힘을 나누는 관계라고 이야기했습니다. 그러나 우리의 사회 구조가 계급적인 구조로 발전해 있는 실정이라 많은 오해와 마찰이 빚어지고 있습니다.

사장이 어떤 일을 계획하고 지시할 수 있습니다. 그러나 지시를 하거나 받는다고 해서 계급의 높고 낮음을 인정하는 것이 아닙니다. 그 자체는 기능 면에서 서로 나누는 것입니다. 그런데 나눔의 관계를 생각지 않고 자신의 지시를 받기 때문에 수하에 있는 사람을 종으로 여긴다면 그것은 기독교 정신에 어긋나는 행동입니다.

사도 바울이 빌레몬에게 오네시모를 '종으로 여기지 말라'고 한 이유는 현실적으로 종은 종이지만 종처럼 대하지 말고 함께 그 일을 나누는 동역자로 생각하라는 말이었습니다. 일반 사람들은 보통 이렇게 생각하지 않습니다. 하지만 진정한 믿음의 사람은 서로의 관계를 역할 분담의 개념으로 생각해야 합니다. 회사에서나 가정에서나 모두 마찬가지입니다.

아버지는 가장이므로 가장 높고, 다음은 엄마, 그 다음은 자녀들이라고 생각하십니까? 이것은 잘못된 사고 방식입니다. 물론 가정의 질서를 위해서 가장이 필요합니다. 하지만 이것은 가정의 역할 구조 때문에 존재하는 것입니다. 그 자체가 계급이 되어서는 안 됩니다. 자녀는 부모의 소유가 아니라 하나님께 속한 존재입니다. 하나님이 부모에게 자녀를 위한 청지기의 사명을 주셨기 때문에 부모가 자녀를 성실하게 보살피는 것입니다. 그래서 자녀를 내 마음대로 해도 된다고 생각해서는 안 됩니다. 그러나 이런 개념을 가졌다고 해서 현실을 외면하라는 뜻은 아닙니다. 아버지는 아버지고, 어머니는 어머니고, 자녀는 자녀입니다. 기독교는 현실을 외면하지 않습니다.

사회 개혁을 위해 교회가 적극적으로 나설 때가 있습니다. 사회 정의의 선두에 교회가 있어야 한다고 말할 때가 있습니다. 개인적으로 우리는 그리스도인으로서 사회 개혁과 정의를 위해 노력해야 합니다. 하지만 그것이 교회의 기능은 아닙니다. 교회의 개념에는 더 큰 것이 포함되어 있습니다.

교회가 용기가 없어서 직접 나서지 않는 것이 아닙니다. 넓은 차원에서 하나님 나라를 꿈꾸고, 본질적인 개혁을 꿈꾸기 때문에 그렇습니다. 교회가 많은 사람들에게 복음의 정신을 불어넣어 주면, 더 높은 개혁에 앞장설 수 있습니다. 그러므로 기독교 정신은 사회 개혁을 위해 노력하는 사람들과 대립되는 관계가 아닙니다. 그리스도인들은 개인적으로 사회 활동을 하면서 전면에 나설 수 있습니다. 그러나 교회가 직접 나서기보다 더 넓은 차원에서 하나님 나라의 개념을 각 개인에게 숙지한다면 사도 바울이 그랬던 것처럼 더 높은 개혁을 하는 것입니다.

희생은 사랑을 위한 지렛대

그런데 여기서 조심해야 할 일이 있습니다. 용서의 본질이 복음에 있다고 해서 외형적인 책임마저 무시해서는 안 됩니다. 복음으로 모든 것이 통하니까 사소한 일들은 다 무시해도 된다고 생각하는 것은 잘못된 생각입니다. 18절을 보십시오.

"그가 만일 네게 불의를 하였거나 네게 빚진 것이 있으면 그것을 내 앞으로 계산하라."

사도 바울은 오네시모가 불의를 했거나 빚진 것이 있다면 자신이 대신 갚아 준다고 했습니다. 다시 말하면 용서에는 외형적인 손해가 따를 수 있음을 이야기했습니다. 그리스도인들은 이 외형적인 손해를 감수해야 합니다.

참된 그리스도인들이라면 항상은 아닐지라도 대부분 손해를 볼 때가 많습니다. 그러나 동전 한 푼도 손해 보지 않으려고 기를 쓰는 사람들은 이미 기독교 마인드를 벗어나 세속화된 측면이 있다는 사실을 깨달아야 합니다. 그리스도인들은 하나님 나라의 가치관으로 살아가기 때문에 세상에서 살면서 손해를 보게 되어 있습니다. 따라서 이 세상을 살아가는 그리스도인들은 조금 손해 보는 일을 당연하게 받아들이십시오.

또한 그리스도인들은 돈 계산이 분명해야 합니다. 그 중에도 내가 줄 돈에 대해 예민해야 합니다. 복음대로 하나님의 돈이라 생각하시고 줄 돈이 있다면 떼어먹지 마십시오. 그러나 받을 돈은 조금 둔하게 생각하십시오. 돈을 빌려 줄 때는 그냥 준다고 생각해도 괜찮습니다. "친구가 돈을 꿔 달라고 할 때 그냥 줘 버리면 나중에 도움이 되나 돈을 꿔 주면 친구도 잃고 돈도 잃게 된다"는 선인들의 지혜를 따르십시오. 그리스도인이라는 사람이 돈을 꿔 주고 이자까지 챙겨 받으려고 한다면 이 얼마나 부끄러운 일입니까! 돈은 다 없어질 것, 썩어질 것입니다. 돈에 애착을 가지지 마십시오. 하나님 나라에 가면 그런 것은 모두 필요 없습니다. 그러나 반대로 내가 줄 돈에 대해서는 분명히 계산해야 합니다.

그리스도인들은 시간이나 약속에 대해서도 철저해야 합니다. 복음 자체가 큰 것이기 때문에 사람들은 흔히 예수님을 믿고 그분과 더불어 산다는 개념은 대단하게 생각하고 놓치지 않으려고 애를 씁니다. 그렇지만 우리 생활 가운데 사사롭게 등장하는 문제들은 복음과 상관없다고 여기며 그 일을 못한다고 지옥에 가는 것은 아니라고 생각합니다. 이렇게 그리스도인들이 생활 속에서 이루어지는 사소한 일들에 대해 상당히 둔감할 때가 있습니다.

특히 약속과 시간에 대해 그렇습니다. 시간 약속을 안 지키는 일을 대수롭지 않게 생각하십니까? 그렇게 생각하지 마십시오. 성경은 이 문제를 심각하게 다뤘습니다.

"곧 모든 불의, 추악, 탐욕, 악의가 가득한 자요 시기, 살인, 분쟁, 사기, 악독이 가득한 자요 수군수군하는 자요 비방하는 자요 하나님께서 미워하시는 자요 능욕하는 자요 교만한 자요 자랑하는 자요 악을 도모하는 자요 부모를 거역하는 자요 또는 하나님을 미워하는 자요 우매한 자요 배약하는 자요 무정한 자요 무자비한 자라 그들이 이 같은 일을 행하는 자는 사형에 해당한다고 하나님께서 정하심을 알고도 자기들만 행할 뿐 아니라 또한 그런 일을 행하는 자들을 옳다 하느니라"(롬 1:29~32).

로마서에서 사도 바울은 '배약하는 자'를 불의한 사람이라고 언급했습니다. 그리스도인으로서 삶의 모든 영역에서 질서와 균형을 잡는 것은 중요한 일입니다. 이 일은 그리스도인의 삶에 아름다운 열매를 맺게 합니다.

만일 누군가와 만나기로 했다면 시간을 분명하게 지키십시오. 이것이 우리가 믿음으로 산다고 하는 증거가 됩니다. 그러나 이런 일이 잘되지 않는다면 그것은 내 신앙이 균형을 잡지 못했다는 뜻입니다.

모든 일에 있어서 하기 좋으면 하고 하기 싫으면 하다가도 그만둔다는 것은 균형 잡힌 그리스도인의 모습이 아닙니다. 왜냐하면 진정한 신앙인은 손해가 있다 해도 그것을 감수하며 자신을 희생하기 때문입니다.

손해와 희생을 감수할 때 사랑의 위력이 드러난다

빌레몬이 오네시모를 용서하도록 하기 위해 바울이 나설 이유는 없습니다. 또한 오네시모의 빚이 있다면 바울이 대신 갚아 줄 이유도 전혀 없습니다. 하지만 이 일을 이루기 위해 그는 많은 노력을 기울였습니다. 사도 바울이 어떤 노력을 했는지 다시 한 번 살펴봅시다.

첫째, 바울은 나이도 많고 오랜 감옥 생활로 인해 몸도 좋지 않았을 터이지만 '친필'(19절)로 편지를 썼습니다. 둘째, 자신의 시중을 들어 주던 오네시모를 돌려보냈습니다. 셋째, 오네시모가 빚진 것이 있다면 자신이 대신 부담하겠다고 했습니다. 이렇게 사도 바울은 빌레몬과 오네시모의 관계를 회복하기 위해 자신이 손해 보고 희생하는 것을 기꺼이 감수했습니다.

예전에 들은 이야기입니다. 한 마을에 동기동창으로 아주 친한 세 친구가 살고 있었습니다. 어느 날 A가 B에게 돈을 빌려 줬는데, B는 오랜 시간이 지나도 돈을 갚지 않았습니다. 두 사람의 관계는 시간이 지날수록 더욱 사이가 틀어지고 앙금이 쌓이게 되었습니다. 그런데 그 모습을 지켜보며 안타까워하던 C가 대신 돈을 갚아 주었습니다. 그것도 지혜롭게 B가 주는 것처럼 해서 갚았다고 합니다.

원칙상으로는 C가 손해를 보는 것 같습니다. 자신이 빌린 것도 아닌데 말입니다. 그렇지만 그리스도인에게는 이런 정신이 필요합니다. 요새는 'Give and take'라고 해서 이만큼 받으면 이만큼만 주고, 저만큼 받으면 저만큼만 준다고 합니다. 하지만 이것도 그리스도인의 논리는 아닙니다. 저쪽에서 안 줘도 내가 줄 수 있고, 내가 손해를 보더라도 복음 안에서 화합을 이루려는 노력이 바로 기독교 정신입니다.

빌레몬이 오네시모를 용서할 수 있도록 하기 위해서 바울은 자신이 할 수 있는 모든 일을 다 동원했습니다. 뿐만 아니라 빌레몬에게 은근히 압력을 가하기도 했습니다. 19절을 살펴보십시오.

"나 바울이 친필로 쓰노니 내가 갚으려니와 네가 이 외에 네 자신이 내게 빚진 것은 내가 말하지 아니하노라."

무슨 말입니까? 부자였던 빌레몬이 가난했던 사도 바울에게 빚을 졌다는 이야기입니까? 물론 아닙니다. 빌레몬은 사도 바울에게서 복음을 전해 들었습니다. 그로 인해 빌레몬은 예수 그리스도를 만났고 가장 큰 기쁨을 소유하게 되었으니 바울에게 빚을 진 것이라는 뜻입니다. 사도 바울은 참 지혜로운 사람이었습니다. 정말 효과적인 방법으로 빌레몬을 설득했습니다.

엉뚱한 데 머리를 쓰지 마십시오. 오직 이런 용서와 화합을 위해서 올바른 지혜를 사용하십시오. 그래서 사도 바울은 직접 빌레몬에게 편지를 썼습니다. 뿐만 아니라 오네시모를 돌려보내며 그가 혹시 빚진 것이 있고 불의한 것이 있다면 대신 자신이 부담하겠다고 말했습니다. 이것이 진정한 용서의 개념입니다. 용서하라는 말만 하는 것이 아니라 자신이 도리어 희생했습니다. 죄의 대가를 치르지 않고 그냥 그 순간을 넘기려는 자세는 용서를 모르는 행위입니다.

용서의 기준: 영원한 하나님 나라

용서하거나 용서받는다는 것은 잘못이 있었다는 사실을 전제로 합니다. 잘못이 없었다면 용서가 필요하지 않습니다. 그런데 인간은 다 죄인이기 때문에 잘못을 저지를 수밖에 없는 존재입니다. 그렇다면 우리의 생활 속에서 필연적으로 따르는 용서를 어떤 개념으로 받아들여야 할까요?

먼저, 앞에서 살펴본 것처럼 용서를 '영원'의 개념 속에서 이해하십시오. 즉 '영원'의 개념 속에서 상대방의 잘못을 '잠시'로 생각하십시오. 하나님이 인간을 어떻게 용서하셨습니까? 독생자인 예수 그리스도를 이 땅에 보내시고 십자가에 달려 죽게 함으로써 우리를 구원하셨습니다. 인간과 협의하여 그렇게 하신 일이 아닙니다. 일방적으로 하나님은 자신의 사랑을 보여 주셨습니다. 그 사랑에는 하나님의 신의와 희생이 담겨 있습니다. 하나님의 영원한 나라를 회복하기 위해서 우리를 용서하신 것입니다.

그러므로 예수 그리스도 안에서는 모든 사람들이 용서받아야 할 존재이기 때문에 서로서로 용서해야 합니다. 우리도 다른 사람을 용서할 때 이런 존재임을 항상 기억해야 합니다. 만일 상대방이 복음과 전혀 관계없는 사람이라면 그가 복음을 들어야 할 대상이라 생각하고 더욱더 사랑하고 용서해야 할 것입니다.

또한 신분을 뛰어넘어 형제로 받아들이십시오. 현실이 변화되길 기다리지 마십시오. 스스로 책임을 진다는 생각을 가지고 끊임없는 노력을 기울이십시오. 그래서 이런 용서의 모습은 복음의 사랑 안에서만 가능한 일입니다.

그런데 하나님과 내가 올바른 관계를 맺고 있지 않다면, 진정한 용서가 이루어질 수 없습니다. 인간의 마음속에는 끊임없이 일어나는 분노가 있기 때문입니다. 그러나 그 '분노'를 하나님과 나의 관계 속에서 다시 생각하십시오. 우리의 죄악 된 모습은 하나님이 보시기에 충분히 분노하실 만합니다. 그렇지만 하나님은 비난하시지 않습니다. 오히려 하나님은 "그래도 너는 나의 사랑하는 자녀다. 내가 너를 사랑한다"라고 말씀하십니다. 그 위대하신 하나님이 오직 우리 한 사람 한 사람을 위해 다가오셔서 껴안아 주셨는데, 그 사랑을 받은 우리가 작은 일을 용서하지 못한다면 하나님의 큰 은혜를 알지 못하는 것입니다.

교회는 바로 이런 용서가 충만한 곳이기 때문에 서로를 향한 분노와 다툼이 없어야 합니다. 서로의 이기심이 없어야 합니다. 대신에 하나님의 사랑이 가득 차 있어야 합니다. 그 하나님의 사랑을 우리가 용서와 화합으로 이뤄 간다면, 그것이야말로 진정한 믿음의 교제일 것입니다.

6장

용서를 먹고 부활하는 사랑의 새싹

오 형제여 나로 주 안에서 너로 말미암아 기쁨을 얻게 하고 내 마음이 그리스도 안에서 평안하게 하라 나는 네가 순종할 것을 확신하므로 네게 썼노니 네가 내가 말한 것보다 더 행할 줄을 아노라 오직 너는 나를 위하여 숙소를 마련하라 너희 기도로 내가 너희에게 나아갈 수 있기를 바라노라 그리스도 예수 안에서 나와 함께 갇힌 자 에바브라와 또한 나의 동역자 마가, 아리스다고, 데마, 누가가 문안하느니라 우리 주 예수 그리스도의 은혜가 너희 심령과 함께 있을지어다(몬 20~25).

'오, 형제여': 성도들의 관계를 말하는 용어

빌레몬서는 빌레몬이 도망친 노예 오네시모를 용서하고 형제로 받아주길 바라는 바울의 호소를 담고 있습니다. 이 글의 주제도 용서와 화합입니다. 하지만 이것은 어느 한 개인의 문제에 국한된 것이 아니라 교회가 풀어야 할 문제입니다.

그래서 사도 바울은 개인이 아닌 교회에게 편지한다고 했고, 성도들간의 믿음의 교제를 이야기했으며, 이 교제의 기초는 사랑과 믿음이라고 강조했습니다. 지금까지 우리는 이런 맥락에서 빌레몬서를 살펴봤습니다. 이 사실을 염두에 두고 마지막 내용을 알아봅시다. 먼저 20절을 보십시오.

"오 형제여 나로 주 안에서 너로 말미암아 기쁨을 얻게 하고 내 마음이 그리스도 안에서 평안하게 하라."

처음에 '오 형제여'라는 단어가 나왔습니다. 그런데 이 표현이 낯설지 않습니다. 빌레몬서에는 이 단어가 참 많이 기록되어 있기 때문입니다.

현재 빌레몬과 오네시모는 주인과 종의 관계입니다. 오네시모는 종으로서 주인을 배반하고 도망친 것이고, 그가 돌아가는 것도 종으로서 주인에게 돌아가는 것입니다. 오네시모가 예수님을 믿었다고 하더라도 그의 신분이 달라진 것은 없습니다. 오네시모는 종으로서 주인에게 돌아가는 것뿐입니다.

하지만 오네시모를 빌레몬에게 돌아가게 만든 바울의 입장에서는 그 두 사람의 관계를 이야기할 때 한 번도 '주인과 종'이라는 단어를 사용한 적이 없습니다. 도리어 빌레몬에게 오네시모를 '종으로 대하지 말고 사랑받는 형제로 두라'(16절)고 권면했습니다.

이런 까닭에 바울이 자주 쓰는 호칭을 살펴보면 '형제'나 '동역자'라는 용어가 많습니다. 먼저 '형제'라는 단어는 네 번이나 사용되었습니다. '형제 디모데'(1절), '형제여'(7절), '사랑받는 형제로 둘 자라'(16절), '오 형제여'(20절).

또한 '동역자'라는 단어는 모두 세 번이나 쓰였습니다. '동역자인 빌레몬'(1절), '네가 나를 동역자로 알진대'(17절), '나의 동역자 마가'(24절).

이렇게 빌레몬서에서 바울은 모든 교회의 구성원이 함께 사용할 수 있는 '형제'나 '동역자'라는 용어를 썼습니다. 다시 말해 주종 관계를 나타내는 단어가 전혀 사용되지 않았습니다. 하지만 주종 관계를 드러내지 않는 용어들이 사용되었다고 해서 그들의 신분이 달라진 것은 아니었습니다. 실제로 빌레몬은 주인이었고, 오네시모는 종이었고, 바울은 사도였습니다. 16절을 다시 살펴봅시다.

"이후로는 종과 같이 대하지 아니하고 종 이상으로 곧 사랑받는 형제로 둘 자라 내게 특별히 그러하거든 하물며 육신과 주 안에서 상관된 네게랴."

여기에 '종과 같이'와 '종 이상으로'라는 말이 나왔습니다. 이것은 오네시모가 여전히 종이라는 뜻입니다. 그리고 특별히 '육신과 주 안에서 상관된 네게랴'라는 언급은 그들이 주인과 종의 신분이라는 사실을 전제로 씌어진 표현이었습니다.

그렇다면 사도 바울이 사용한 용어들은 일상 생활, 즉 그 당시 사회적으로 통용되는 언어를 쓴 것이 아닙니다. 교회의 문맥에서 교회적인 용어를 쓴 것입니다. 그래서 빌레몬은 주인이었고 오네시모는 종이었지만, 바울은 두 사람의 관계가 '형제'요 '동역자'라고 했습니다. 왜냐하면 사도 바울은 당시의 사회 현상을 부정하지는 않았지만 그 현실을 뛰어넘는 다른 세계를 생각했기 때문입니다. 그 세계는 바로 하나님의 나라와 예수 그리스도의 몸인 교회였습니다.

과거에는 주인과 종이 존재했습니다. 그러나 오늘날도 마찬가지입니다. 옛날과 같은 노예제도는 아닐지라도 회사에 가면 월급을 주는 사장이 있고 월급을 받는 직원이 있습니다. 개념상의 주종 관계는 존재합니다. 그러나 그런 주종 관계의 개념이 교회에서는 없습니다. 이것이 교회가 일반 사회와 다른 점입니다.

다시 말해 교회는 사회의 일반 구조와 현실을 인정합니다. 그것이 선한 것이든, 악한 것이든 그 존재를 부정하지는 않습니다. 하지만 교회는 그 수준을 뛰어넘어 영적 세계인 하나님 나라의 기준에서 보다 높은 차원의 세계를 바라보는 시각을 갖고 있습니다. 그래서 교회 안에서는 신분의 차이, 능력의 차이, 부의 차이가 없는 것입니다. 왜냐하면 모두가 예수 그리스도 안에서 한 형제이기 때문입니다.

이런 가치 기준으로 사도 바울은 빌레몬을 '오 형제여'(20절)라고 불렀습니다. 그냥 '형제'가 아니라 '오 형제여'라고 하는 것은 그저 단순한 감탄사로 끝나는 표현이 아닙니다. 그 말속에는 형제에 대한 따스한 감정이 스며 있었습니다. 한 사람은 주인이었고 다른 한 사람은 노예였지만 사도 바울의 가슴속에는 주종관계의 개념이 없었습니다. 모두 같은 형제이자 동역자이기 때문에 '오 형제여'라고 말합니다.

이 호칭 속에는 아버지가 같다는 뜻도 포함되어 있습니다. 우리의 아버지는 하나님이시고, 우리는 그분의 품 안에서 하나님 나라의 가치를 따라서 살아가는 사람들입니다. 바울은 하나님의 자녀인 그리스도인은 서로가 사랑과 믿음의 교제를 하는 사람이라는 의식을 강하게 드러냈던 것입니다. 그래서 '오 형제여'라는 말속에는 성도들의 관계가 어떠해야 하는가에 대한 개념도 함축되어 있습니다.

우리는 하나님 앞에서 한 형제입니다. 성도들의 모습을 살펴보면 사회적인 직책이나 성별이나 연령이나 환경이 모두 다릅니다. 그러나 교회는 하나님을 아버지로 모신 사람들의 모임이기에 하나님 나라의 가치관 속에서 서로서로 형제와 자녀로서 관계를 맺고 사랑과 믿음의 교제를 합니다. 바로 이것이 교회의 아름다운 모습입니다. 세속적인 사회에서는 이런 아름다움을 지닐 수 없습니다. 왜냐하면 실리적인 문제와 이권이 개입되기 때문입니다. 하지만 교회는 모두가 하나님의 자녀라는 사실을 바탕으로 서로를 이해하고 용서와 사랑의 문제를 다루는 곳입니다. 그런 까닭에 사도 바울은 교회의 이런 개념 속에서 '오 형제여'라고 말했던 것입니다.

교회는 주 안에서 기쁨과 평안을 나누는 공동체

그러면 이 '형제'의 관계는 어떻습니까? 다시 20절을 살펴보십시오.

"오 형제여 나로 주 안에서 너로 말미암아 기쁨을 얻게 하고 내 마음이 그리스도 안에서 평안하게 하라."

여기에 '기쁨'과 '평안'이라는 용어가 나왔는데, 형제는 서로에게 기쁨과 평안의 대상이 되어야 합니다. 그런데 이 말을 잘못 오해하면 기쁨과 평안은 내가 받는 것이라고 착각할 수 있습니다. 교회에 오는 것도 은혜 받기 위해 온다고 이야기합니다. 사랑도 받는 것이라고 표현할 때가 많습니다. 이렇게 우리에게 '받는다'는 말은 상당히 익숙합니다.

또한 사람들은 개인적인 차원에서 뭔가 받는다는 것을 중요하게 생각합니다. 하지만 사도 바울은 빌레몬서 전체를 통해, 받는 것도 있지만 주는 것도 있다는 사실을 강조했습니다. 우리는 그리스도인으로서 하나님의 은혜를 받기만 하는 것이 아니라 다른 사람들에게 그 은혜를 나누어 주고 함께 공유해야 합니다. 또한 이런 기쁨과 평안도 서로서로 주고받는 관계를 만들어야 합니다.

이렇게 기쁨과 평안은 상호적인 관계를 형성합니다. 그러므로 우리는 기쁨과 평안을 받으려고만 하지 말고 다른 사람들의 기쁨과 평안의 대상이 되어야 합니다. 그렇게 하지 않는다면 우리의 신앙은 매우 이기적인 수준에 머물고 맙니다. 이기적인 신앙을 가진 사람들이 많으면 교회에서 가장 중요한 공동체 개념이 사라집니다. 그래서 공동체 개념 안에서 진정한 사랑과 기쁨과 평안을 만들어 가기보다는 항상 내 쪽에서 그것을 얻으려 하고 그렇지 않으면 반발해 버립니다. 이런 교회는 공동체의 하모니가 없어져서 개인적인 차원에서 기뻐하고 하나님의 은혜를 만끽하는 모습을 보이게 됩니다. 이것이 참된 교회의 모습입니까? 물론 아닙니다. 이미 교회의 정체성을 잃어버렸기 때문에 교회라고 할 수도 없을 것입니다.

사도 바울이 제삼자의 입장이었지만 오네시모와 빌레몬의 관계 속에 끼어들어 두 사람이 화해하도록 여러 가지 노력을 기울였던 이유는 바로 교회라는 공동체 안에서 기쁨과 평안을 만들어 가려고 했기 때문입니다. 그래서 그는 한 사람에게 편지를 썼지만 '교회에 편지하노니'(2절)라는 표현을 사용했고, 교회가 이런 문제에 대해 중요한 인식을 가지고 함께 풀어 가야 한다는 것을 강조했습니다.

신앙 생활하는 것 자체가 좋은 일이라고 해서 이기적인 태도가 용인될 수는 없습니다. 건강한 교회는 상호 작용이 활발한 교회입니다. 그러나 더 중요한 것은 이 작용이 '그리스도 안에서'(20절) 이루어져야 한다는 사실입니다.

그래서 바울 서신을 살펴보면 항상 '주 안에서'와 '그리스도 안에서'라는 용어가 강조되어 있습니다. 예수 그리스도가 기초가 되지 않으면 성도도 아니고, 교회도 아니고, 진정한 기쁨과 평안도 아닙니다.

또한 성경은 믿음으로 하지 않는 것은 무엇이든지 죄라고 이야기했습니다.

"의심하고 먹는 자는 정죄되었나니 이는 믿음을 따라 하지 아니하였기 때문이라 믿음을 따라 하지 아니하는 것은 다 죄니라"(롬 14:23).

그런 까닭에 바울은 '사랑'을 말하면서도 반복해서 '믿음'을 강조했습니다. 다시 4~5절을 살펴봅시다.

"내가 항상 내 하나님께 감사하고 기도할 때에 너를 말함은 주 예수와 및 모든 성도에 대한 네 사랑과 믿음이 있음을 들음이니."

사랑도 믿음이 있어야 가능합니다. 믿음이 없는 사랑은 이미 사랑이 아닙니다. 사도 바울은 무엇을 이야기하든지 항상 믿음을 전제로 했습니다.

교회는 형제들이 예수 그리스도 안에서 기쁨과 평안을 나누는 곳입니다. 이런 특성이 빌레몬서에서는 '용서'라는 주제로 잘 이야기되었습니다. 즉 빌레몬이 오네시모를 용서하는 일이 곧 기쁨과 평안이 되는 것입니다. 그래서 교회는 이 기쁨과 평안이 항상 충만해야 합니다.

바울은 왜 숙소를 마련하라고 했을까?

이제는 21~22절을 함께 살펴봅시다.

"나는 네가 순종할 것을 확신하므로 네게 썼노니 네가 내가 말한 것보다 더 행할 줄을 아노라 오직 너는 나를 위하여 숙소를 마련하라 너희 기도로 내가 너희에게 나아갈 수 있기를 바라노라."

사도 바울은 빌레몬이 오네시모를 용서할 것을 확신하고 이 정도로 말했으니 그가 더 많이 행할 것이라고 생각했습니다. 그래서 특별히 바울은 '순종'이라는 용어를 사용했습니다.

여기서 바울이 '순종'을 강조한 이유는 무엇일까요? 그것은 순종이 교회에 많은 이익이 되기 때문입니다. 뿐만 아니라 순종은 교회에 기쁨과 평안을 주며, 사랑과 믿음을 근거로 한 믿음의 교제이기 때문입니다. 이것은 주 안에서 이루어지는 확실한 교회의 일이었습니다.

그런데 사도 바울은 이런 순종을 강조하면서 왜 갑자기 '나를 위하여 숙소를 마련하라'(22절)고 하는 것일까요? 현재 바울은 감옥에서 생활하고 있습니다. 그렇다면 비록 사도 바울이 감옥살이를 복음의 도구로 사용한다고 했지만 그곳에서 벗어나고픈 마음이 있는 것은 아닌지 의구심이 들게 됩니다. 뭔가 인간적인 측면을 드러내는 표현이기 때문입니다. 물론 사도 바울도 사람이기에 많은 그리스도인들과 사랑과 믿음의 교제를 나누고 싶었을 것입니다. 하지만 그 의미를 자세히 살펴보면 결코 그렇지 않다는 것을 알 수 있습니다.

바울이 자신을 위해 '숙소를 마련하라'는 것은 빌레몬에게 한 말이었습니다. 한 개인에게 부탁한 것입니다. 그런데 다음에 '너희 기도로 내가 너희에게 나아갈 수 있기를 바라노라'는 내용이 이어졌습니다. 여기서 기도를 요청받은 주체에는 2인칭 복수인 '너희'가 사용되었습니다. 따라서 사도 바울은 빌레몬을 포함한 골로새 교회의 성도들에게 이 일이 이루어질 수 있도록 기도하라고 요청한 것입니다.

빌레몬서를 비롯한 모든 바울서신은 언제나 입체적인 내용이 전개되었습니다. 한 개인을 향해 이야기가 전개되면서도, 그 내용이 교회와 연결되어 있습니다. 사도 바울에게는 이 사건이 교회와 분리될 수 없는 문제였기 때문입니다. 그렇다면 바울은 단순히 감옥에서 빨리 나가고 싶어서 이 말을 사용한 것이 아닙니다.

빌레몬서의 내용은 빌레몬에게 오네시모를 용서하라는 것입니다. 그런데 이 '용서'에 대해 사도 바울이 빌레몬에게 은근히 압력을 넣었습니다. 빌레몬이 그에게 복음의 빚을 진 것은 생각하지 않겠지만 오네시모가 빌레몬에게 빚진 것이 있다면 자신이 갚겠다는 말도 하나의 압력일 수 있습니다. 또 바울 자신은 빌레몬이 순종할 것을 확신한다는 말과 숙소를 마련하라는 말도 모두 커다란 압력이었습니다. 마찬가지로 골로새 교회에 가서 주 안에서 한 형제가 된 오네시모와 빌레몬의 모습을 보고 함께 기쁨을 나누고 싶다는 그의 희망은, 일반적인 요구 차원의 압력 강도를 훨씬 넘어섭니다. 이것은 또 다른 모양의 선의의 압력이었던 것입니다. 다시 말해 바울의 생각은 자신이 감옥에서 나가는 일에 국한되지 않았습니다. 진정한 용서를 강권하기 위해 이와 같은 말을 했던 것입니다.

용서가 이루어진다면 이것은 바울에게도 큰 기쁨과 평안이 되겠지만 골로새 교회에게도 진정한 기쁨과 평안이 될 수 있습니다. 그렇기 때문에 이 일은 단순히 빌레몬과 오네시모의 개인적인 문제가 아니라 골로새 교회가 이와 같은 상황에 처해 있는 사람들을 어떤 차원에서 도와줘야 하는지 알려줍니다. 이것이 사도 바울이 일을 처리하면서 보이는 목회의 지혜였습니다.

에바브라: 선교적 마인드를 가진 목회자

사도 바울은 복음 사역을 자기 한 사람의 일로만 생각하지 않았습니다. 그래서 바울서신에는 항상 여러 사람들의 이름이 나열되어 있습니다. 사도 바울 혼자서 복음을 전한 것이 아니기 때문입니다. 그의 주변에는 언제나 좋은 동역자들이 있었고, 그들은 바울의 사역을 헌신적으로 도왔습니다. 빌레몬서에서도 바울의 동역자들의 이름이 등장했습니다. 23~24절을 보십시오.

"그리스도 예수 안에서 나와 함께 갇힌 자 에바브라와 또한 나의 동역자 마가, 아리스다고, 데마, 누가가 문안하느니라."

첫 번째로 등장한 인물은 '에바브라'(23절)입니다. 그는 골로새 출신(골 4:12)으로 골로새 교회의 목회자(골 1:7)였습니다. 에바브라는 사도 바울이 에베소에 있는 두란노 서원에서 삼 년 동안 매일같이 복음을 전할 때 직접 그곳에 찾아와서 성경을 배우고 복음을 깨닫게 되었습니다. 그 뒤에 그는 다시 골로새로 돌아가서 교회를 세웠습니다.

사도 바울은 에바브라를 예수 그리스도의 종으로, 신실한 일꾼으로 생각하며 그의 복음 사역을 높이 평가했습니다. 이것은 골로새서에 자세히 기록되어 있습니다.

"이와 같이 우리와 함께 종 된 사랑하는 에바브라에게 너희가 배웠나니 그는 너희를 위한 그리스도의 신실한 일꾼이요"(골 1:7).

"그리스도 예수의 종인 너희에게서 온 에바브라가 너희에게 문안하느니라 그가 항상 너희를 위하여 애써 기도하여 너희로 하나님의 모든 뜻 가운데서 완전하고 확신 있게 서기를 구하나니"(골 4:12).

에바브라는 골로새 교인들이 믿음 안에 바로 서기를 애써 기도하는 사람이었습니다. 그야말로 복음에 투철한 영적 지도자였습니다.

그런데 재미있는 사실이 한 가지 있습니다. 그가 현재는 사도 바울과 함께 지내고 있지만 전에는 빌레몬이 있는 골로새 교회에서 일했던 목회자였다는 것입니다. 아마도 에바브라는 사도 바울이 감옥에 갇혔다는 소식을 듣고 자신의 목회 현장을 떠났을 것입니다. 그리고 바울을 찾아와서 그의 오른팔이 되어 복음 사역을 도왔을 것입니다. 참 훌륭하고 아름다운 모습입니다.

어느 목회자가 "한 교회를 위해서 뼈를 묻겠다"고 하는 말을 들은 적이 있습니다. 그때 저는 그것이 좋은 의미가 될 수도 있지만 그렇지 않을 수도 있다고 생각했습니다. 왜냐하면 하나님의 역사가 어떻게 될지 모르기 때문입니다. 만일 우리가 항상 자기는 자신이 다니는 교회의 교인일 것이라 생각하며 자기 교회만 잘되길 바란다면, 그것은 잘못된 일입니다. 우리는 이 세상에 있는 모든 교회가 복음의 관점에서 바로 설 수 있도록 기도하고 관심을 가져야 합니다.

바로 그런 의미에서 에바브라는 정말 멋있는 영적 지도자였습니다. 그는 골로새 교회라는 한 곳에만 관심을 집중하지 않고, 넓은 차원에서 하나님 나라의 사역을 바라볼 줄 알았기 때문입니다. 이와 같은 동역자가 곁에 있었기 때문에 사도 바울은 그처럼 힘 있는 사역을 할 수 있었을 것입니다.

마가: 잠시 한눈을 팔았지만 나중엔 유익했던 사역자

두 번째로 나오는 인물은 '마가'(24절)입니다. 마가복음의 저자이기도 한 그가 어떤 사람이었는지는 세상에 많이 알려졌습니다. 마가는 고향이 예루살렘이었으며, 다른 그리스도인들에 비해 부자였습니다. 베드로가 감옥에 있을 때 석방을 위한 기도회가 열렸던 장소가 마가의 집이었습니다. 또한 오순절 성령 강림 사건도 바로 마가 다락방에서 이루어졌습니다. 이를 통해 우리는 그가 어느 정도 경제적으로 풍요로운 사람임을 알 수 있습니다. 그리고 마가는 어려서부터 신앙 생활을 하며 베드로와 요한을 잘 알고 있었습니다.

그런데 성경에는 마가에 대한 재미있는 한 가지 사건이 기록되어 있습니다.

"한 청년이 벗은 몸에 베 홑이불을 두르고 예수를 따라가다가 무리에게 잡히매 베 홑이불을 버리고 벗은 몸으로 도망하니라"(막 14:51~52).

이것은 관헌들에게 잡혀가시던 예수님을 쫓아가던 청년이 무리에게 잡히자 벌거벗은 채로 도망치는 내용입니다. 여기에 나오는 청년이 바로 마가였습니다. 아마도 그가 자신의 일기에 창피해서 누구인지 밝히지 않은 것 같습니다.

이런 면이 있던 마가였지만 베드로는 그를 '내 아들 마가'(벧전 5:13)라고 할 정도로 아끼고 사랑했습니다. 이렇게 마가는 사도들이 활동한 시기에 상당한 비중을 가지고 사역했던 인물이었습니다.

그러나 마가가 항상 그랬던 것은 아니었습니다. 바울의 2차 전도 여행 중에 바울과 바나바 사이에 험악한 분위기가 연출된 적이 있었습니다. 그런데 그 원인이 바로 마가 때문이었습니다.

바나바는 자신의 생질(골 4:10)이었던 마가를 데려가길 원했지만, 바울은 그가 예전에 한 번 도망친 적이 있기 때문에 거절했습니다. 즉 바나바는 젊은 마가에게 다시 한 번 기회를 주자는 입장이었고, 바울은 마가의 불성실했던 모습이 마음에 들지 않았던 것입니다. 결국 두 사람은 마가로 인해 심히 다투고 서로 각자의 길을 가게 되었습니다.

이 일로 인해 사도 바울은 마음이 무척 상했을 것입니다. 하지만 나중에 바울은 '나의 동역자 마가'(24절)라고 이야기했습니다. 뿐만 아니라 마가를 자신의 사역에 유익한 사람이라고 평가했습니다.

"누가만 나와 함께 있느니라 네가 올 때에 마가를 데리고 오라 그가 나의 일에 유익하니라"(딤후 4:11).

젊은 시절 마가는 힘들고 고난이 많았던 복음 사역의 길을 잠시 떠났던 적이 있었지만 회개하고 다시 돌아와서 복음 사역에 헌신했습니다. 이와 같이 우리의 동역자들 중에는 마가처럼 중도에 도망가는 불성실한 사람도 있습니다. 그러나 그런 사람이 다시 사도 바울의 일을 돕는 유익한 사람이 되었습니다. 현재 조금 불성실하다고 해서 마가와 같은 사람을 얕보지 마십시오. 그가 언제 변할지 모릅니다. 우리는 항상 마가 같은 인물도 있었다는 사실을 잊지 말아야 합니다.

아리스다고: 바울 곁을 항상 지켰던 동역자

세 번째로 등장하는 사도 바울의 동역자는 '아리스다고'(24절)입니다. 그는 데살로니가(마게도냐) 출신의 사람이었습니다(행 19:29).

사도 바울은 2차 전도 여행을 할 때 데살로니가에서 3주 정도 집중적으로 사역했습니다. 그래서 야손의 집에서 데살로니가 교회가 시작되었습니다. 이 내용은 사도행전 17장에 자세히 기록되어 있습니다.

"유대인들은 시기하여 저자의 어떤 불량한 사람들을 데리고 떼를 지어 성을 소동하게 하여 야손의 집에 침입하여 그들을 백성에게 끌어내려고 찾았으나 발견하지 못하매 야손과 몇 형제들을 끌고 읍장들 앞에 가서 소리 질러 이르되 천하를 어지럽게 하던 이 사람들이 여기도 이르매 야손이 그들을 맞아들였도다 이 사람들이 다 가이사의 명을 거역하여 말하되 다른 임금 곧 예수라 하는 이가 있다 하더이다 하니 무리와 읍장들이 이 말을 듣고 소동하여 야손과 그 나머지 사람들에게 보석

금을 받고 놓아 주니라"(행 17:5~9).

바로 이곳에서 아리스다고는 바울을 통해 예수님을 믿게 되었습니다. 그리고 그 뒤부터 줄곧 사도 바울을 따라다녔습니다.

성경을 살펴보면 아리스다고가 설교나 전도, 혹은 기적을 행했다는 기록은 전혀 없습니다. 그에 관한 이야기도 특별히 없습니다. 그렇지만 사도 바울은 빌레몬서에서 아리스다고를 자신의 동역자로 소개했습니다.

그러면 아리스다고에게서 본받을 점은 무엇일까요? 그의 행적은 세상에 드러나지 않았지만 항상 바울의 옆에 있었다는 것입니다.

사도 바울이 여행할 때도, 설교할 때도, 감옥에 갇혀 있을 때도, 고생할 때도 언제나 그의 곁을 지켰습니다. 아리스다고는 바울의 시중을 들기도 하고, 허드렛일을 하기도 하고, 때로는 편지도 대신 써 주기도 했을 것입니다. 사도 바울에게 이런 동역자의 존재가 얼마나 힘이 되었겠습니까!

선교하러 나가는 선교사는 혼자 복음을 전하는 활동을 한다고 생각할지 모르지만 결코 그렇지 않습니다. 어떤 선교사는 평생 밥을 짓고 설거지만 하기도 하고, 아이들을 보살피기도 하고, 사무적인 일을 하기도 합니다. 그렇다면 이런 선교사는 선교사의 자격이 없습니까? 물론 아닙니다. 오히려 더욱 훌륭한 선교사라 할 수 있습니다.

교회에서 앞장서서 설교하고 직분을 가진 사람들만이 위대한 은사를 가지고 있는 것이 아닙니다. 이름도 없고 빛도 없지만 조용히 섬기는 사람이 더 위대한 사람입니다. 그런 사람들 중에 한 사람이 바로 아리스다고였습니다.

데마: 복음을 저버린 불행한 사람

네 번째로 등장하는 인물은 '데마'(24절)입니다. 그에 대해서는 별로 알려진 바가 없습니다. 다만 디모데후서 4장 10절에 데마에 관한 이야기가 기록되어 있습니다.

"데마는 이 세상을 사랑하여 나를 버리고 데살로니가로 갔고 그레스게는 갈라디아로, 디도는 달마디아로 갔고."

데마는 참 불행한 사람이었습니다. 빌레몬서가 집필된 당시에는 바울 옆에 있었지만 나중에 신앙을 저버렸습니다.

참 이상한 일입니다. 위대한 사도 바울 밑에 있으면 누구나 복음을 저버리지 않고 확고하게 신앙 생활을 했을 것 같은데 데마와 같은 사람이 나왔으니 말입니다.

하지만 신앙은 어느 누구도 장담할 수 없는 것입니다. 예수님의 제자들 중에서 가룟 유다가 있듯이 바울의 동역자들 중에서도 데마가 있었던 것입니다. 가룟 유다나 데마와 같은 사람이 바로 자신이 될지 모릅니다.

그렇기 때문에 우리는 항상 경계해야 합니다. 교회의 기능에는 군사의 기능이 있습니다. 어느 때든지 왜곡된 사상과 철학이 침투해 들어올 수 있기 때문에 교회는 언제나 믿음의 본질과 진리에 바로 서서 방어할 태세를 갖춰야 합니다. 왜 그렇습니까? 불행한 일이지만 데마와 같은 사람이 나올 수 있기 때문입니다. 그러므로 우리는 신앙을 너무 과신해서도 안 되고, 반대로 너무 자책해서도 안 됩니다. 우리는 항상 겸손한 자세로 하나님 앞에서 순종하면서 자기 자신의 모습을 점검해야 합니다.

누가: 다재다능했던 이방인 의사

마지막으로 등장하는 인물은 '누가'(24절)입니다. 그는 '사랑을 받는 의사'(골 4:14)였으며, 누가복음과 사도행전의 저자였습니다. 많은 학자들은 누가복음과 사도행전의 문체가 매우 아름답다고 이야기합니다. 누가는 비록 의사였지만 매우 좋은 문장력을 가지고 있었던 것 같습니다. 또한 그는 마게도냐 빌립보 출신의 이방인이었습니다.

누가는 바울이 1차 전도 여행을 시작할 때부터 동행했습니다. 이것은 사도행전 16장 10절에 잘 기록되어 있습니다.

"바울이 그 환상을 보았을 때 우리가 곧 마게도냐로 떠나기를 힘쓰니 이는 하나님이 저 사람들에게 복음을 전하라고 우리를 부르신 줄로 인정함이러라."

그때부터 그는 2차 전도 여행과 사도 바울이 로마로 압송될 때도 줄곧 함께 있었습니다. 뿐만 아니라 옥중 생활의 마지막 순간까지 누가는 바울 곁에 머물렀습니다(딤후 4:11).

사도 바울은 자신의 아픔을 '육체의 가시'(고후 12:7)라고 표현했는데, 학자들은 그것이 간질 또는 안질이라고 말합니다. 그것이 무엇이었든지 바울은 참 행복한 사람이었습니다. 항상 주치의가 옆에 같이 있었기 때문입니다. 아마 이 사실은 바울에게 많은 위로가 되었을 것입니다.

그런데 누가는 의학뿐 아니라 다른 지식에도 해박한 실력 있는 지식인이었습니다. 이 정도면 누구라도 잘난 체할 만합니다. 하지만 사도행전과 누가복음을 살펴보면 그는 한 번도 자기 자랑을 늘어놓은 적이 없었습니다. 누가는 진정으로 겸손한 사람이었던 것 같습니다.

로마에서 감옥 생활을 하면서 죽음을 기다리던 사도 바울은 마지막 순간에 이런 기록을 남겼습니다.

"누가만 나와 함께 있느니라 네가 올 때에 마가를 데리고 오라 그가 나의 일에 유익하니라"(딤후 4:11).

누가는 늙고 병들어 감옥에서 지내는 사도 바울을 극진히 보살피며, 시력이 좋지 않았던 그를 대신해 글을 쓰는 등 여러 가지 일을 많이 도왔을 것입니다. 이런 누가의 모습이 얼마나 고마웠으면 사도 바울이 '누가만 나와 함께 있느니라'는 직설적인 표현을 사용했겠습니까!

그리스도인들에겐 주님의 은혜가 항상 함께한다

사도 바울이 일생 동안 위대한 복음 사역을 할 수 있었던 까닭은 하나님의 은혜와 사랑, 자기 자신의 확고한 헌신이 있었기 때문입니다. 뿐만 아니라 빌레몬서 끝 부분에 등장하는 많은 동역자들이 그의 주변에 있었기에 가능한 일이었습니다. 그들로 인해 사도 바울은 빌레몬이 오네시모를 진정으로 용서하고 주 안에서 한 형제가 되며, 그밖에 교회 안에서 풀어야 할 많은 문제들에 대한 해결책을 제시하고, 많은 사람들에게 복음을 전하는 사역을 더욱 신실하게 행할 수 있었던 것입니다.

교회는 이런 사람들이 모여서 조화를 이루는 곳입니다. 사도 바울이 동역자들과 함께 사랑과 기쁨과 평안을 나눈 것처럼 오늘날 우리도 교회 안에서 이런 믿음의 교제를 할 수 있습니다. 물론 우리가 하나님 나라의 진리 안에 바로 서 있다면 말입니다.

우리가 진정한 의미의 사랑과 기쁨과 평안을 누리기 위해서는 교회 안에 에바브라, 누가, 마가, 아리스다고 같은 사람들이 많아야 할 것입니다. 그리고 미안한 말이지만 데마와 같은 사람은 없었으면 좋겠습니다. 하지만 이것은 우리의 바람일 뿐이고 그런 사람이 생길 수도 있을 것입니다.

그렇지만 우리는 이런 상황 속에서도 화합을 이루며 하나님 나라의 아름다운 모습을 간직한 교회를 만들어 나갈 수 있습니다. 빌레몬서 25절의 기록이 우리에게 희망을 주기 때문입니다.

"우리 주 예수 그리스도의 은혜가 너희 심령과 함께 있을지어다."

그렇습니다. 세상이 끝나는 날까지 그리스도인들에게는 '예수 그리스도의 은혜'가 항상 함께할 것입니다.